# 30 DIAS PARA TORNAR-SE UMA MULHER DE ORAÇÃO

STORMIE OMARTIAN

# 30 DIAS PARA TORNAR-SE UMA MULHER DE ORAÇÃO

Traduzido por CECÍLIA ELLER

Copyright © 2010 por Stormie Omartian
Publicado originalmente por Harvest House Publishers, Eugene, Oregon, EUA.

Os textos das referências bíblicas foram extraídos da *Nova Versão Internacional* (NVI), da Sociedade Bíblica Internacional, salvo indicação específica.

Todos os direitos reservados e protegidos pela Lei nº 9.610, de 19/02/1998.

É expressamente proibida a reprodução total ou parcial deste livro, por quaisquer meios (eletrônicos, mecânicos, fotográficos, gravação e outros), sem prévia autorização, por escrito, da editora.

CIP-Brasil. Catalogação na Publicação
Sindicato Nacional dos Editores de Livros, RJ

064t

Omartian, Stormie
30 dias para tornar-se uma mulher de oração / Stormie Omartian; traduzido por Cecília Eller. – 1. ed. – São Paulo: Mundo Cristão, 2015.

Título original: 30 days to becoming a woman of prayer
ISBN 978-85-433-0111-2

1. Mulheres – Vida religiosa.  2. Vida cristã  3. Cristianismo  I. Título.

15-26094                                          CDD: 248.4
                                                  CDU: 248.12

*Categoria:* Oração

Publicado no Brasil com todos os direitos reservados por:
Editora Mundo Cristão
Rua Antônio Carlos Tacconi, 69, São Paulo, SP, Brasil, CEP 04810-020
Telefone: (11) 2127-4147
www.mundocristao.com.br

1ª edição: maio de 2012 (publicado anteriormente sob o título
   *O poder de uma vida de oração*)
2ª edição: abril de 2016
11ª reimpressão: 2023

*Porque sou eu que conheço os planos que tenho para vocês, diz o* Senhor, *planos de fazê-los prosperar e não de lhes causar dano, planos de dar-lhes esperança e um futuro. Então vocês clamarão a mim, virão orar a mim, e eu os ouvirei. Vocês me procurarão e me acharão quando me procurarem de todo o coração.*

Jeremias 29.11-13

# Sumário

Como fazer minha vida dar certo?     9

1. Conheça seu Pai     17
2. Receba tudo que a morte de Jesus lhe proporciona     26
3. Dê boas-vindas ao Espírito Santo     37
4. Leve a sério a Palavra de Deus     44
5. Transforme a adoração em hábito     51
6. Ore como se sua vida dependesse disso     58
7. Viva a liberdade de Deus     67
8. Busque o reino de Deus e seus dons     74
9. Conserve o coração puro     80
10. Viva no perdão de Deus e para com o próximo     87
11. Tema a Deus, mas não viva temerosa     93
12. Substitua a dúvida pela fé inabalável     101
13. Aceite e cumpra a vontade de Deus     107
14. Reconheça e cumpra seu propósito     115
15. Desfrute o amor de Deus     124
16. Coloque sua esperança no Senhor     132
17. Doe do jeito de Deus — a ele e aos outros     138
18. Controle seus pensamentos     144
19. Recuse as emoções negativas     151
20. Cuide de seu corpo como se ele pertencesse a Deus     158
21. Confie naquele que cura você     166

22. Diga não à tentação — 173
23. Dê adeus aos relacionamentos destrutivos — 181
24. Expresse-se de modo a trazer vida — 188
25. Seja santa como Deus é santo — 195
26. Reconheça seu inimigo — 202
27. Jejue e ore para vencer — 209
28. Permaneça firme em tempos difíceis — 216
29. Mova-se no poder de Deus — 224
30. Recuse-se a desistir — 230

## *Como fazer minha vida dar certo?*

Todas nós tentamos fazer a vida dar certo. E embora nem sempre tenhamos certeza de que está dando certo, sabemos sem sombra de dúvida quando não está.

Ter uma vida que dá certo não quer dizer que tudo é perfeito. Significa ter paz com Deus e saber, sem hesitar, que se está nas mãos dele, que ele não a abandonará, não a deixará à beira de um precipício nem a desamparará nos momentos desafiadores, árduos e difíceis. Quando sua vida dá certo, você tem a certeza profunda e abrangente de que as coisas cooperarão para seu bem no futuro, a despeito do que aconteça hoje. Ou seja, mesmo quando algo dá errado, você sabe que tem acesso a um poder que pode endireitar o erro. Esse poder vem somente de uma fonte: Deus. E ele tem algumas especificações para derramá-lo. Quando vivemos de acordo com essas especificações, da maneira que ele deseja que vivamos, nossa vida dá certo.

Todas desejam ter estabilidade e consistência. Não é suficiente viver dependendo da sorte ou do acaso. Esses elementos são imprevisíveis demais. Queremos saber que podemos contar com a habilidade de fazer as escolhas certas. Nunca teremos a paz que desejamos se nossa vida não estiver progredindo porque não tivemos sabedoria para tomar decisões acertadas. Queremos ser capazes de evitar qualquer escolha insensata que traga consequências desagradáveis. Desejamos ter a consciência constante de nosso propósito e uma sensação de esperança em relação ao futuro. Mas onde obter essa percepção de propósito, esperança, paz, sabedoria, estabilidade e consistência? Ela vem de Deus. A fim de alcançar isso em nossa vida, precisamos nos conectar com ele de maneira profunda e poderosa. Não é possível desfrutar liberdade, plenitude ou sucesso verdadeiro sem essa conexão vital.

### O QUE É SUCESSO VERDADEIRO?

Você não foi criada para viver em cativeiro, fragmentada, amargando fracasso após fracasso. Você foi colocada neste mundo para uma vida repleta de poder, propósito e realizações dados por Deus. O Senhor a quer vivendo em liberdade, plenitude e sucesso verdadeiros.

*Liberdade verdadeira* não caracteriza liberdade para fazer tudo que quiser. Quer dizer ser liberta, por Deus, das coisas que a impedem de realizar aquilo que *ele* deseja. É ser livre para se tornar mais semelhante ao Senhor a cada dia, a fim de ter a vida que ele planejou para você e se tornar tudo o que ele pretendeu que você fosse. Significa ficar livre de restrições, medos, falsas crenças e emoções negativas que a impedem de se apropriar de tudo que Deus lhe reservou.

*Plenitude verdadeira* é reconstruir os fragmentos de sua vida de forma duradoura, para se tornar uma pessoa plena. Isso não denota ser perfeita, e sim que a *perfeição do Senhor* pode brilhar *em* você e operar *por meio de* você, não só para *seu* benefício, mas para o de outros também. Quando algo em sua vida se encontra fragmentado, Deus pode consertar e renovar. A presença da santidade divina é capaz de torná-la uma pessoa plena.

*Sucesso verdadeiro* é o tipo de sucesso que procede de *Deus*. Os caminhos divinos são diferentes dos caminhos do mundo. Em geral, quando as pessoas pensam em sucesso, elas projetam ser ricas e famosas. Ou estar no topo daquilo que fazem. No entanto, o sucesso verdadeiro não equivale a riqueza, fama e conquistas mundanas. Trata-se, na verdade, de saber quem você é no Senhor e de nunca sair desse plano. É confiar que Deus tem um bom futuro para você, a despeito de como as coisas *pareçam* no momento. Já conheci muitas pessoas ricas, famosas e cheias de realizações que eram infelizes ao extremo porque corriam atrás de um sonho egoísta, formulado por elas mesmas. Já testemunhei o vazio de uma existência dedicada totalmente ao eu, em que não havia nada de sucesso verdadeiro. Isso não indica que riqueza, fama e realizações sejam de todo ruins. Se você faz aquilo que Deus a chamou para fazer e o Senhor a abençoa com essas coisas, elas são boas. E você pode desfrutar esse tipo de sucesso, contanto que use parte daquilo que Deus lhe deu para ajudar outras pessoas.

*Sucesso verdadeiro* não significa estar livre de problemas. Antes, implica que, todas as vezes que passar por um momento difícil, você terá a convicção profunda de que Deus está presente e a *tirará* da situação ou a *fará passar por* ela com êxito. É ver a mão do Senhor em sua vida e reconhecer a presença e o toque dele com o coração agradecido.

*Sucesso verdadeiro* é compreender os caminhos e o coração de Deus, e encontrar grande prazer em honrá-lo e viver de acordo com suas leis e orientações.

*Sucesso verdadeiro* envolve viver em contato íntimo com Deus ao longo de cada dia e encontrar *no* Senhor tudo de que precisa. É ter profunda paz interior por saber que Deus está ao seu lado, sempre disponível para ajudar. É crer que ele é maior do que qualquer dificuldade que se levante, e confiar que seu poder é, com toda certeza, capaz de interferir em qualquer situação ameaçadora. É saber, em sua alma, que não importa o problema que surja, Deus tem uma solução, uma saída ou uma forma de superá-lo. É a fé inabalável em que o Senhor ouve suas orações e lhes responderá — do jeito e no tempo dele. É sentir o amor divino em sua vida e ser capaz de estendê-lo aos outros da maneira que Deus deseja que você faça. É confiar que o Senhor tem a resposta para todas as suas perguntas e, por isso, deixar de ficar obcecada com elas, começando a confiar nas respostas divinas.

*Sucesso verdadeiro* é se tornar a pessoa que você foi criada para ser — sua real essência — e aceitar que seu verdadeiro eu é algo *bom*. Esse conhecimento a livra da necessidade de se comparar com outros a todo tempo e da sensação de que está sempre perdendo. Libera você da tirania de imagens e estilos de vida representados na televisão, em filmes, revistas e livros que podem levá-la a crer que é um fracasso não viver conforme apregoam. Medir seu valor por esses padrões a levará à direção totalmente contrária daquilo que você deveria ser. Deus planeja muito mais para sua vida do que isso.

Liberdade, plenitude e sucesso verdadeiros só podem ser encontrados ao viver uma vida de oração. Vida de oração significa permanecer próximo a Deus e orar sobre tudo. É ouvi-lo falar ao coração e à vida. É caminhar tão perto do Senhor a ponto de ele poder livrá-la do perigo e guiá-la aonde você precisa ir.

### Como me aproximar de Deus?

O caminho para se aproximar de Deus e se apropriar do poder dele em sua vida é oração. A oração é o meio de nos comunicarmos com o Senhor. É a via usada para contarmos a ele nossos temores, desejos e necessidades. É a maneira de acalmar a alma e a mente e deixar Deus falar a nós. É por meio da oração que adoramos ao Senhor, louvando-o por quem ele é e expressando nossa gratidão por tudo aquilo que ele tem feito por nós.

Na oração, intercedemos por pessoas e situações que nos cercam. Louvamos a Deus por todas as coisas que ele tem feito. E lhe agradecemos de antemão por tudo que *faz* e pelo que *fará* por nós no futuro. Quando oramos, sentimos que o relacionamento com o Senhor se fortalece e que a dependência e o amor por ele se aprofundam. Quanto mais oramos, mais conseguimos ver sua mão de misericórdia, graça e amor a nos guiar todos os dias. Quanto mais oramos, mais percebemos que não podemos viver sem ele e sem o seu poder.

O ponto-chave é chegar ao reconhecimento de que, sozinhas, não conseguimos fazer a vida dar certo. Carecemos do poder do Senhor. Precisamos do toque salvador, redentor, libertador e restaurador de Deus porque temos necessidade de salvação, redenção, libertação e cura. Boa sorte se quiser conseguir quaisquer dessas coisas por conta própria! Mas permita que eu lhe poupe do trabalho de aprender do jeito mais difícil, pois a sorte nunca lhe trará essas coisas. Sua vida não terá amor, paz, alegria, realização, poder, cura, restauração e transformação sem o Senhor. Sei disso com toda certeza porque já tentei conseguir essas coisas sozinha. Todas as tentativas de fazer minha vida dar certo por conta própria quase me mataram.

Minha infância foi marcada pelo abuso praticado por uma mãe com grave problema mental. Quando consegui me virar sozinha, quase morri de *overdose* e consumi muito mais álcool do que deveria. Fiquei desiludida depois de muitos relacionamentos errados, e tentei lidar com o medo paralisante, a ansiedade e a depressão todos os dias. Vivia de aparências, rindo por fora, mas com uma dor emocional excruciante por dentro, não sabia quando um desastre chegaria, tinha medo de me deitar porque algo terrível poderia acontecer durante a noite, acordava apavorada por não acreditar que conseguiria sobreviver a mais um dia — isso não é uma vida que dê certo, acredite! Hoje minha vida dá certo por causa daquilo que Deus fez e *continua* a fazer em mim e nas circunstâncias que enfrento.

Isso indica que minha vida é perfeita e nunca tem problemas? Bem que eu queria! Mas a resposta é não. Vivo no mesmo mundo caído que você. Sofro ataques do mesmo inimigo que incomoda todo aquele que não faz a vontade dele. Estive à beira da morte tantas vezes que já perdi a conta. Tenho problemas como todas as pessoas. Contudo, também fui salva, resgatada, liberta, transformada e restaurada à plenitude. O mesmo que Deus fez por mim, ele fará por você. O Senhor não faz acepção de pessoas. Ele não respeita mais a mim do que a você. Deus tem a mesma medida de misericórdia, paz, graça, cura, esperança, restauração, redenção, amor e sucesso verdadeiro para sua vida também. Tudo isso acontecerá quando você se aproximar dele em oração.

### Saiba quais são suas verdadeiras necessidades

*Você tem necessidade* de se lembrar com frequência de quem Deus é e de quem você *é* e *pode ser* nele.

*Você tem necessidade* de assumir o controle de seus pensamentos e suas emoções, e procurar se livrar de qualquer coisa que a aprisione ou restrinja de viver na liberdade e plenitude que Deus lhe tem reservadas.

*Você tem necessidade* de ser profundamente impressionada por tudo que Jesus realizou na cruz, a fim de não se desgastar lutando para ter em sua vida algo que já foi conquistado.

*Você tem necessidade* de sempre seguir a orientação do Espírito Santo para saber qual é a vontade de Deus e estar no lugar certo, fazendo a coisa certa.

*Você tem necessidade* de entender, reconhecer e receber as dádivas que Deus tem para você, a fim de não ter de lutar constantemente para obter aquilo que ele já providenciou.

*Você tem necessidade* de conhecer as regras de Deus para a vida e de receber a ajuda dele para obedecer a essas regras por completo.

*Você tem necessidade* de se livrar da culpa e manter o coração humilde e arrependido.

*Você tem necessidade* de receber o perdão de Deus sempre que errar o alvo que ele designou para você, e estender perdão aos outros quando eles errarem também.

*Você tem necessidade* de experimentar o temor do Senhor em seu coração todos os dias, para permanecer num relacionamento correto com Deus. Então, ele removerá todo medo que atormenta sua vida.

*Você tem necessidade* de conseguir ver seu corpo como templo do Espírito Santo e apreciá-lo por isso, a fim de aprender a cuidar dele de maneira adequada.

*Você tem necessidade* de sentir o amor de Deus diariamente e compartilhá-lo com as pessoas que ele coloca em sua vida.

*Você tem necessidade* de ser livre para servir, de todo o coração, a Deus e aos outros da maneira que ele gostaria.

*Você tem necessidade* de saber que é Deus quem sara e crer que ele pode trazer cura a você e àqueles por quem intercede.

*Você tem necessidade* de encontrar superação em sua vida por meio do exercício do jejum e da oração.

*Você tem necessidade* de assumir o controle de sua mente e não ser sacudida pelas mentiras do inimigo, que sempre tenta fazê-la acreditar que suas mentiras são verdade e que as verdades de Deus são mentira.

*Você tem necessidade* de resistir a pensamentos e emoções negativos e parar de acreditar em mentiras a seu respeito.

*Você tem necessidade* de proferir palavras que tragam vida e conseguir buscar a verdade em todas as situações.

*Você tem necessidade* de se mover no poder de Deus em vez de ter uma vida assoladora de impotência diante das dificuldades.

*Você tem necessidade* de se livrar de relacionamentos destrutivos que, além de não acrescentar nada à sua vida, a aniquilam.

*Você tem necessidade* de distinguir quem é seu inimigo, para que possa lhe resistir em vez de cooperar com ele.

*Você tem necessidade* de ser forte o bastante para rejeitar a tentação e tudo aquilo que não glorifica a Deus.

*Você tem necessidade* de aprender a orar sem cessar, para ser capaz de desfrutar paz e contentamento emocionais.

*Você tem necessidade* de entregar sua vida a Deus e viver de forma que ele a considere santa.

*Você tem necessidade* de crescer em fé e não ser atormentada ou limitada pela dúvida e pela instabilidade.

*Você tem necessidade* de permanecer firme e inabalável em seu conhecimento de Deus, a despeito do que aconteça.

*Você tem necessidade* de ser alguém que nunca perde a esperança, mesmo que as circunstâncias sejam adversas, porque você espera no Senhor.

Caso deseje algo do que acabei de mencionar acima, você precisa ter mais do Senhor em sua vida. Este livro a ajudará a encontrar essa transformadora proximidade com ele. Direcionará você a Deus e à sua Palavra, e a ajudará a descobrir mais sobre quem ele é. Minha oração é que, ao lê-lo durante trinta dias — um capítulo por dia, fazendo a oração, colocando em prática as sugestões e recitando as verdades bíblicas relacionadas ao assunto no final de cada capítulo — você sinta que seu relacionamento com o Senhor ficou mais íntimo, e veja que Deus providenciou todo o necessário para sua vida progredir de maneira positiva. Não se sinta, porém, na obrigação de terminar em trinta dias. Sei que muitas leitoras, apaixonadas por datas-limite e prazos, vão gostar de seguir as instruções à risca. Mas a velocidade não é o que importa. Avance no seu ritmo e gaste tanto tempo quanto for necessário em cada capítulo.

Os próximos trinta capítulos mostrarão a você trinta maneiras de orar. Seria possível escrever um livro sobre cada capítulo, pois há muito que aprender sobre cada assunto; mas aquilo que registrei neste livro é suficiente para gerar uma transformação em sua vida. Não permita que a brevidade do capítulo diminua a importância do assunto. Se você internalizar as trinta formas de orar por sua vida, terá uma existência repleta de equilíbrio, propósito, liberdade, plenitude e sucesso verdadeiro. Terá uma vida de oração dedicada a se aproximar de Deus e a se comunicar com ele todos os dias — uma vida que dá certo.

STORMIE OMARTIAN

CAPÍTULO 1

## Conheça seu Pai

O grande sentido de ter uma vida de oração é se aproximar de Deus e ter um relacionamento profundo, sólido e inabalável com ele. Uma vida de oração permite que você permaneça firmemente alinhada com o Senhor por meio da comunhão e da comunicação com ele ao longo de cada dia. Isso não significa apenas *saber* de Deus, mas *conhecer* o próprio Deus — pelo menos até o ponto em que ele pode ser conhecido nesta Terra.

O conhecimento de Deus começa com o *desejo* e, em seguida, com a *busca*. A partir de então, torna-se uma questão de querer *mais e mais* dele, no coração e na vida. O foco não se encontra na oração, e sim *naquele para quem a oração é dirigida*. Ela é o meio de aprofundar seu relacionamento com Deus.

Conhecer Deus por completo é algo que demanda mais do que a vida inteira. É preciso uma eternidade. No entanto, ele é um Deus que pode ser conhecido aqui e agora. Na verdade, o Senhor *deseja* que o conheçamos. Quer que estejamos bem familiarizadas com os vários aspectos de sua pessoa. Os três aspectos distintos de Deus que formam a base para conhecê-lo são Deus *Pai*, Jesus, o *Filho*, e o *Espírito Santo*.

Talvez você esteja pensando: "Eu já sei isso". Eu pensava a mesma coisa até descobrir como é fácil *achar* que sabemos e, ainda assim, negligenciar dimensões desse conhecer a Deus pelo fato de as esquecermos, deixarmos de lado ou não conseguirmos ver. Ou então nos concentramos em um aspecto em detrimento dos outros. Por serem tão importantes, os primeiros capítulos deste livro são dedicados a esses três aspectos vitais de nosso único e verdadeiro Deus.

A IMPORTÂNCIA DE RECONHECER DEUS COMO O PAI CELESTIAL
Reconhecer Deus *como* seu Pai celestial é diferente de apenas estar ciente de que ele *é* seu Pai celestial. O não reconhecimento de Deus *como* seu Pai celestial *é* uma das razões que amarram e fragmentam as pessoas, deixando-as com uma sensação de fracasso em relação a si mesmas e à própria vida.

Conheço um homem que se julgava incapaz de compreender quem ele era de verdade por nunca haver conhecido seu pai. O pai daquele jovem estivera tragicamente ausente de sua vida. Agora, mesmo na idade adulta, o rapaz lidava todo dia com a dor e a perda daquele relacionamento. Faltava todo um pedaço de sua vida, e ele sentia essa ausência diariamente, enquanto tentava conciliar o passado com o presente e o futuro. Ele sabia quem seu pai era, mas nunca o conhecera *como* pai.

Creio que o mesmo se aplica a todas nós com respeito a nosso Pai *celestial*. Sabemos que Deus é nosso Pai celeste porque a Bíblia assim nos revela. "'E lhes serei Pai, e vocês serão meus filhos e minhas filhas', diz o Senhor todo-poderoso" (2Co 6.18). Deus deseja esse tipo de relacionamento conosco. Mas será que *você* está mesmo certa de que Deus é um Pai que a ama e valoriza, importa-se com você, cuida de você com sustento e proteção, tira sua dor e a restaura como um bom pai deveria fazer? Sem essa certeza no íntimo de sua alma, será difícil entender como o Senhor a vê.

Os filhos que *sabem* que são amados pelo pai agem de maneira diferente daqueles que *duvidam* desse amor ou, ainda pior, dos que *sabem* que o pai não se importa com eles. Aqueles que *sabem* que são amados se desenvolvem melhor e mais rápido do que os que *não se sentem* amados. Isso é do conhecimento de todos. E é igualmente importante que nós, adultos, compreendamos o amor que Deus Pai tem por *nós*. Para tanto, precisamos conhecê-lo melhor a cada dia.

Quando você reconhecer de fato Deus *como* seu Pai celestial, terá dado o passo mais significativo e elementar rumo à descoberta da liberdade, da plenitude e do sucesso verdadeiro que o Senhor tem para dar. Quando se tem a compreensão verdadeira de quem o Pai celestial é, consegue-se entender melhor quem *você* realmente é. A boa notícia é que não é preciso ser ignorante quanto a seu Pai celestial, pois, além de *poder* ser conhecido, ele *deseja* que você o conheça.

Quando os discípulos de Jesus lhe pediram que os ensinasse a orar, ele disse: "O seu Pai sabe do que vocês precisam, antes mesmo de o pedirem. Vocês, orem assim: 'Pai nosso, que estás nos céus! Santificado seja o teu nome'" (Mt 6.8-9). Ele segue, proferindo a oração que chamamos de "Pai-Nosso". Jesus instruiu os discípulos a estabelecer primeiro o relacionamento com Deus chamando-o de Pai celestial. Para nós, isso significa que também precisamos começar nossas orações reconhecendo que Deus é *nosso* Pai do céu. Se quiser que sua vida dê certo, comece cada dia orando: "Muito obrigado, Pai celestial, por este dia".

A base de todo seu relacionamento com Deus é o fato de você ser filha dele. Isso implica que você depende dele para tudo e, já que ele é seu Pai, pode confiar que ele a sustentará e protegerá. Afinal, não é isso que um bom pai faz?

Muitas vezes, porém, as pessoas têm uma imagem distorcida de Deus como pai, porque tiveram (ou têm) um relacionamento ruim ou inexistente com seu pai humano. Se você não se sentiu amada por seu pai humano, sentiu-se distante dele, abandonada ou humilhada por ele, talvez projete esses sentimentos em Deus. Mas Deus não é distante nem humilhador. O Senhor a ama e quer que você o ame também. Deseja sua companhia e sua confiança de que ele está presente. Deus nunca se encontra ocupado demais para você. Ele sempre cuidará de você, nunca a abandonará nem a deixará. O Senhor sabe do que você precisa (Mt 6.8). Ele dá coisas boas aos filhos que o amam, o procuram e pedem (Mt 7.7).

Ser filha de Deus significa saber-se participante de uma grande família, que se tem um lugar com ele e com essa família por toda a eternidade. Ao mesmo tempo, por você ser filha do Senhor, ele a guiará, sustentará, protegerá e lhe dará uma posição importante nos negócios da família.

### A CURA DO RELACIONAMENTO COM O PAI TERRENO

Como era o relacionamento com seu pai? Você consegue detectar se projeta em Deus sentimentos que nutre por seu pai? Isso é mais aparente se vocês não tiveram, ou não *têm*, um bom relacionamento.

Se ele foi ausente ou nunca esteve disponível, você pode sentir que Deus também não estará disponível quando mais precisar. Se seu pai terreno foi emocionalmente distante, abusivo ou severo, você pode sentir que o Pai celestial é distante, frio ou não muito amoroso. O relacionamento com seu pai terreno pode afetar o relacionamento com o Pai celestial muito mais do que você imagina, caso você não dê os passos necessários para impedir que isso ocorra.

Se seu pai terreno estava *longe* de ser perfeito, saiba que Deus Pai nunca será *menos* do que perfeito. Se você já foi levada a se sentir um fracasso quando cometeu um erro, pode pensar que o Senhor está sempre desapontado com você também. Mas Deus Pai não é como nenhum pai terreno. Ele nunca terá expectativas elevadas demais para você *atingir*. Todavia, ele espera muitas coisas para você *viver*. Espera a vida de liberdade, plenitude e sucesso verdadeiro que ele já planejou. Tudo que pede para você *fazer* é amá-lo, confiar nele, obedecer-lhe e depender dele para tudo.

Embora seja impossível controlar o que seu pai terreno *fez* ou *deixou* de fazer em sua vida, é possível controlar sua *reação* a isso hoje. E ela começa com o perdão.

Minha mãe, que tinha um transtorno mental, me maltratou muito enquanto eu crescia. Seu transtorno foi diagnosticado mais tarde, mas saber disso não eliminou os anos de abuso que sofri nas mãos dela. Depois que me tornei cristã, aprendi que, se quisesse usufruir da liberdade, da plenitude e do sucesso verdadeiro que Deus planejou para mim, precisava perdoá-la. Isso não aconteceu de uma hora para outra. Dei um passo de cada vez, à medida que orava para o Senhor me ajudar a perdoá-la por completo. E com o tempo, foi isso que aconteceu.

Além disso, também precisei perdoar meu pai.

Nunca havia percebido conscientemente que precisava perdoar meu pai até que minha conselheira e mentora cristã, Mary Anne, disse que Deus lhe havia revelado isso. Mesmo depois de conversarmos sobre o assunto, não me dei por convencida. Meu pai nunca me maltratou, portanto tive dificuldade de aceitar o que ela dizia. Mary Anne aconselhou: "Apenas peça ao Espírito Santo que lhe mostre a verdade".

Quando fiquei sozinha, pedi a Deus que me mostrasse a verdade quanto à afirmação de Mary Anne. E fiquei bastante chocada quando o Senhor de pronto me revelou que eu culpava meu pai por nunca me poupar da insanidade de minha mãe. Ele nunca destrancou a porta do armário onde minha mãe costumava me colocar de castigo por horas a fio. Nunca me defendeu dos maus-tratos físicos, emocionais e mentais infligidos por minha mãe. Como meu pai nunca havia me socorrido quando eu era criança, eu tinha dificuldade em confiar que o Pai celestial me socorreria na vida adulta.

Confessei a falta de perdão para com meu pai, coloquei para fora do meu coração, em soluços, uma vida inteira de lágrimas retidas e ressentimento. Descobri que só o amor e o poder de cura divinos são capazes de desenterrar e nos libertar de sentimentos tão escondidos em nós que nem percebemos que estão lá.

A liberdade que senti após confessar minha falta de perdão foi visível. A diferença mais notável foi sentir o amor de Deus em minha vida com um poder incomparável. O perdão a meu pai terreno me liberou para amá-lo mais e também para amar e confiar mais em meu Pai celestial. Depois disso, vi minha vida se abrir para o amor de Deus de maneiras que eu não havia conseguido.

Para que você tenha uma base sólida nas coisas de Deus que determinarão o destino e os acontecimentos de sua vida, e para ter a liberdade, a plenitude e o sucesso verdadeiro que deseja, é necessário perdoar seu pai terreno por tudo que ele *fez* ou *deixou* de fazer *para* você ou *por* você. Seu relacionamento com ele pode ter sido muito melhor, ou pior, que o meu. Qualquer que seja o caso, peça a Deus que lhe mostre se existe algo no relacionamento entre você e seu pai que precisa ser perdoado ou consertado.

Não estou dizendo que, se seu pai foi abusivo ou ausente, você precisa encontrá-lo para poder conversar com ele pessoalmente. Alguns pais serão receptivos a isso, outros não. Sua decisão quanto ao que fazer fica entre você e Deus. Talvez seu pai nem esteja mais vivo. De qualquer maneira, perdoe-o por aquilo em que ele falhou, pela forma como a magoou ou desapontou. A liberdade do perdão que experimentei em relação a meu pai ficou apenas entre mim e Deus. Onde quer que você esteja exatamente agora, o Senhor pode encontrá-la e fazer o mesmo. Se existe algum sentimento negativo em seu coração com respeito a seu pai, leve-o ao Senhor e peça a ele que mande embora os sentimentos e as lembranças ruins, e que a cure de qualquer mágoa causada por eles.

Mesmo se você achar que seu pai terreno não poderia ter sido mais perfeito, peça a Deus que lhe mostre se você está projetando alguma ideia errada ou incompleta sobre o que é um pai perfeito no Senhor. Deus pode lhe mostrar algo a respeito dele que você ainda não percebeu.

O Pai celestial pode curá-la, restaurá-la e trazer vida a lugares que você acreditava estar mortos. A realidade é que só é possível vivenciar paz, liberdade, restauração, plenitude e sucesso verdadeiro planejados por Deus quando ele for reconhecido e aceito como seu Pai celestial. Quando você receber de fato Deus como o melhor pai que se pode imaginar, isso exercerá uma influência positiva em todas as áreas de sua vida.

Descubra quem o Pai celestial realmente é.

Na Bíblia, Deus se revela por meio dos muitos nomes usados para denominá-lo. Creio que esses nomes estão ali para nos ajudar a compreender melhor os diversos aspectos do caráter divino. Eles nos ajudam a saber quem o Senhor realmente é. Não é possível começar a vida que Deus preparou para nós enquanto estivermos inconscientes disso.

A lista de nomes a seguir a ajudará a se lembrar de aspectos da natureza divina que você pode ter esquecido, negligenciado ou nem sequer conhecido. Deus se revelou desse jeito porque deseja que você o conheça e confie nele de todas as maneiras possíveis. Ao conhecê-lo por esses nomes e chamá-lo assim, você o convida a exercer esses papéis em sua vida.

Escrevi esta breve lista dos nomes e atributos de Deus em forma de uma pequena oração. É uma maneira de reconhecer os muitos aspectos de quem Deus é e de ajudá-la a conhecer melhor o Senhor.

> Pai celestial, você é meu *restaurador*. Você restaura tudo que foi tomado, destruído, devorado ou perdido em minha vida (Sl 23.3).
>
> Deus Pai, você é meu *libertador*. Você me liberta de tudo que me impede de ter a vida que planejou para mim (Sl 70.5).
>
> Pai celestial, você é meu *redentor*. Você redime todas as coisas em minha vida (Is 63.16).
>
> Deus Pai, você é minha *força*. É quando me sinto a mais fraca das criaturas que você é mais forte em mim (Is 12.2).
>
> Pai celestial, você é meu *guia*. Reconheço-o em tudo que faço, sabendo que endireita meus passos (Pv 3.6).
>
> Deus Pai, você é meu *conselheiro*. Você me ensina o que é certo fazer (Sl 16.7).
>
> Pai celestial, você é minha *paz*. Quando minha vida proporciona pouca paz, ainda assim encontro paz em você (Ef 2.14).
>
> Deus Pai, você é *Emanuel*, Deus comigo. Sempre está perto, nunca distante. Sou grata porque nunca me deixa, nem me abandona (Mt 1.23).
>
> Pai celestial, você é minha *torre forte*. É uma capa de proteção para mim quando o busco (Pv 18.10).

Deus Pai, você é meu *abrigo*. Posso me abrigar em você sempre que tenho medo e enfrento mais do que consigo resolver (Sl 32.7).

Pai celestial, você é minha *sabedoria*. Quando preciso de sabedoria para qualquer assunto, posso recorrer a você, que me dará todo o entendimento de que necessito (1Co 1.24).

Deus Pai, você é meu *Pai eterno*. É meu Pai para sempre, e não apenas até eu conseguir resolver as coisas sozinha (Is 9.6).

Esses doze nomes são apenas uma parte das muitas denominações de Deus. Eles fornecem uma boa base a partir da qual você pode passar o restante da vida descobrindo tudo que Deus é. E você amará essa descoberta, pois quanto mais conhece o Senhor e quanto mais o reconhece em sua vida, mais se aproxima dele.

Deus é seu Pai celestial, que a guiará, protegerá e aconselhará. Ele livrará, restaurará e redimirá você. O Senhor lhe dará força, paz e sabedoria. Estará ao seu lado sempre, portanto você pode correr até ele sempre que precisar de um lugar para se abrigar. "O nosso socorro está no nome do SENHOR, que fez os céus e a terra" (Sl 124.8).

Reconhecer Deus como seu Pai celestial é o início da liberdade, da plenitude e do sucesso verdadeiro na vida.

## *Poder da oração*

Pai celestial, agradeço a ti por teres me dado o direito de ser tua filha (Jo 1.12). Sinto-me privilegiada e feliz por receber tudo que prometeste a teus filhos. Ajuda-me a viver em teu amor e a compreender a profundidade de teu cuidado e de tua preocupação comigo. Tira qualquer barreira que me impeça de compreender plenamente o que significa confiar em ti como meu Pai celestial. Ajuda-me a parecer com a família celestial, para que eu tenha teus olhos, teu coração e tua mente.

Senhor, mostra-me de que forma preciso perdoar meu pai terreno. Cura qualquer coisa em meu coração que tem me levado a ver a ti através das falhas dele. Perdoa-me se julguei tua perfeição pelas imperfeições dele. Mostra-me o que necessito ver, e ajuda-me a perdoar por completo.

Obrigada, Deus Pai, porque quando preciso de esperança, tu és minha *esperança* (Sl 71.5). Quando estou fraca, és minha *força* (Is 12.2). Quando estou exausta, és meu *lugar de descanso* (Jr 50.6). Quando necessito de liberdade, és meu *libertador* (Sl 70.5). Quando quero orientação, és meu *conselheiro* (Sl 16.7). Quando preciso ser sarada, tu trazes a *cura* (Ml 4.2). Quando necessito ser defendida, és minha *proteção* (Sl 33.20). Quando passo por momentos difíceis, és meu *refúgio em tempos de angústia* (Na 1.7). Obrigada por seres meu Pai celestial e a resposta para todas as minhas necessidades.

Em nome de Jesus, amém.

───────────────── *Poder da Palavra* ─────────────────

*Ainda que me abandonem pai e mãe,*
*o* SENHOR *me acolherá.*
SALMOS 27.10

*Aos que o receberam, aos que creram em seu nome,*
*deu-lhes o direito de se tornarem filhos de Deus.*
JOÃO 1.12

*Observem as aves do céu: não semeiam nem colhem*
*nem armazenam em celeiros; contudo, o Pai celestial as*
*alimenta. Não têm vocês muito mais valor do que elas?*
MATEUS 6.26

*Mas quando você orar, vá para seu quarto, feche*
*a porta e ore a seu Pai, que está em secreto. Então seu*
*Pai, que vê em secreto, o recompensará.*
MATEUS 6.6

*Vejam como é grande o amor que o Pai nos concedeu:*
*sermos chamados filhos de Deus!*
1JOÃO 3.1

CAPÍTULO 2

## Receba tudo que a morte de Jesus lhe proporciona

Sem Jesus, estamos mortas.

Isso é verdade em muitos sentidos, porque sem Jesus estamos separadas de Deus. Precisamos da ressurreição de Jesus *em* nós para sermos justificadas diante do Senhor e vivermos com ele depois da morte.

No entanto, Jesus não só nos dá vida por toda a eternidade — isso já seria motivo suficiente para aceitá-lo. Ele também nos dá mais vida *nesta* vida, pois ressuscita as áreas mortas de nossa existência terrena de diversas maneiras.

Quando tinha por volta de 20 anos, comecei a trabalhar na televisão, depois de terminar o terceiro ano de faculdade na University of California, em Los Angeles. Eu tinha voltado de uma turnê pelos Estados Unidos com um conjunto musical famoso e fiz ponta como cantora, dançarina e atriz em programas de TV populares na época, de música e variedades. Foi por meio das pessoas que conheci nesses programas que entrei no mundo do álcool e das drogas. Nem eu nem elas usávamos drogas ou bebíamos enquanto estávamos trabalhando. Éramos profissionais demais para fazer algo tão irresponsável. Aqueles empregos eram cobiçados, e ninguém os colocaria em risco por uma estupidez dessas. Mas nas festas particulares e nos eventos sociais sempre havia álcool e drogas com fartura. E não estavam à venda, devo acrescentar. Pelo menos nunca gastei um centavo por nada do que consumi. No entanto, descobri que as drogas e o álcool proporcionavam apenas um alívio *temporário* para o vazio emocional que sentia todos os dias de minha vida. Eu precisava de algo permanente.

Queria me aproximar de Deus porque achava que só ele teria poder para me tirar do abismo em que eu vivia, ou melhor, em que *perecia*. Então, experimentei todas as religiões que consegui encontrar, com exceção da fé cristã. O cristianismo que eu conhecera, em grande parte por intermédio de minha mãe, parecia se encaixar em algum ponto entre o tédio e a maluquice. Embora achasse que toda essa coisa de ser cristão fosse uma ótima ideia, não via nenhum poder na religião. Além disso, acreditava que precisaria deixar de lado todo o intelecto para crer nas doutrinas dos cristãos. E nas poucas vezes que havia ido à igreja, não me sentira mais perto de Deus nem percebera mudança nenhuma em mim ou em minha vida. Portanto, o cristianismo não era uma opção para mim.

Em minha busca por Deus e por uma saída para os sentimentos de rejeição, mágoa, tristeza, medo, depressão, ansiedade e pensamentos suicidas, entrei de cabeça em uma série de religiões orientais. O deus pregado em todas elas me parecia frio e distante. A menos, é claro, que se *fizesse* as coisas que os livros e os líderes da religião sugeriam a fim de se transportar para *mais perto* de Deus. Essas listas de afazeres religiosos eram impossíveis, ou simplesmente nunca funcionavam. Pelo menos, não funcionavam para mim. A cada decepção, perdia mais a esperança de um dia conseguir encontrar refúgio em Deus.

Mergulhei no ocultismo também. Mergulhei fundo. Essa tentativa acabou sendo a mais estranha de todas. Com certeza, eu estava tendo um tipo de experiência espiritual, mas ela estava literalmente me matando de susto. Olhando para trás, hoje reconheço que os seres espirituais com quem me comuniquei, sem dúvida, não provinham do Senhor.

Por fim, cheguei ao limite e comecei a pensar que o suicídio era a única forma de acabar com a dor. Tinha pensamentos suicidas persistentes. Não que eu desejasse morrer, só não queria viver daquela maneira. E não conseguira encontrar nenhum caminho que mudasse a mim ou as circunstâncias. Sentia que havia tentado tudo que conhecia para achar uma saída para aquela infelicidade, e nada funcionara.

Naquela época, uma amiga e colega de trabalho cristã, Terry, me convidou para conhecer o pastor dela. Fui porque percebia nela uma qualidade que admirava de verdade. Ela tinha algo que fazia a vida dela dar certo e, o que quer que aquilo fosse, me atraía. Para encurtar as coisas, o pastor Jack Hayford me levou a aceitar Jesus. Nunca havia sonhado em fazer algo tão maluco. Mas, conforme o tempo demonstrou, foi a melhor decisão que tomei em minha vida.

Imediatamente as coisas começaram a mudar. Senti esperança pela primeira vez na vida. Esperança de um futuro. Esperança de um propósito para a vida inteira. Esperança de libertação da dor, da depressão, do medo e da ansiedade, sentimentos que eu começara a acreditar que estariam sempre presentes em minha vida. Descobri que, embora não houvesse jeito de *eu* mudar a mim mesma e as circunstâncias, *Deus* era capaz de mudar tudo. Isso porque agora eu tinha um relacionamento com ele por meio de Jesus, seu Filho, que pagara o preço por minha liberdade. Por haver escolhido ter humilde fé em Jesus, preservei o canal pelo qual as bênçãos de Deus poderiam fluir. Mas esse foi apenas o início do aprendizado de tudo que Jesus fez por mim.

### Aceitar Jesus é só o começo

Não é suficiente apenas aceitar Jesus; é preciso também se lembrar todos os dias de *tudo* que ele fez por você e admitir isso.

O reconhecimento de Jesus como Filho de Deus e seu Salvador lhe proporciona salvação eterna. Quando morrer, você passará a eternidade com o Senhor. Se isso fosse tudo, já seria maravilhoso o bastante. No entanto, Jesus realizou muito mais. É necessário compreender com nitidez *toda a amplitude* do que Cristo conquistou na cruz e, logo, do que fez por *você*. Entenda verdadeiramente as várias maneiras pelas quais ele a salvou. Por exemplo, talvez você saiba que ele a livrou da morte e do inferno, mas sabe e crê de todo o coração que ele também a salvou da enfermidade, da tormenta, da depressão, da falta de esperança, da ansiedade e do medo?

Jesus a salvou *para* estar com Deus eternamente e servir aos propósitos dele em tudo aquilo que faz. Cristo a salvou *das* consequências de viver longe do Senhor e de seus caminhos.

A Bíblia se refere a Jesus como aquele que "se entregou por nós a fim de nos remir de toda a maldade e purificar para si mesmo um povo particularmente seu, dedicado à prática de *boas obras*" (Tt 2.14; grifo da autora). Cristo a purifica como a uma filha especial para que você faça coisas boas para ele. O conhecimento e a percepção de que ele ama você a tornarão mais desejosa de fazer o que agrada a Deus.

## Por causa de Jesus em você

É de importância vital entender tudo que você tem em Jesus, porque, do contrário, não poderá receber essas coisas de maneira plena. Quando as circunstâncias da vida a desafiarem, ou quando o inimigo tentar destruí-la com mentiras, você precisa conhecer a autoridade que tem no nome de Jesus.

A seguir, há uma lista de dádivas que você recebeu por causa da obra de Jesus.

*Por causa de Jesus, você pode se livrar completamente da culpa*
Todas nós sentimos culpa, quer nos sintamos culpadas por coisas que sabemos ter feito de errado, quer nos arrependamos daquilo que *deveríamos* ter feito melhor. Nossos ombros não foram feitos para carregar culpa. Ela nos faz sentir pesadas e nos esmaga.

Muitas de nós temos o anseio de "remodelar" algumas coisas na vida. Minha lista é longa. Pensamos: "Ah, se eu tivesse feito aquilo!". Ou: "Se não tivesse feito isso, então aquilo não teria acontecido". Se não for controlada, a culpa que sentimos sobre as coisas das quais nos arrependemos nos destruirá. E até que alguém invente uma máquina do tempo que funcione, não há nada que possamos fazer para mudar tudo que aconteceu. Podemos nos recusar a pensar a esse respeito, mas a culpa vem à tona em algum momento de qualquer maneira. Ela nos deixa doentes, infelizes, nervosas ou deprimidas. Quando, porém, aceitamos Jesus, somos completamente purificadas de nosso passado. Isso quer dizer que todos os erros ou transgressões das regras, dos caminhos e das leis de Deus são perdoados. Nossa ficha fica limpa.

Mais uma vez, você pode estar pensando: "Eu já sei disso tudo". No entanto, é preciso estar convicta, sem dúvida alguma, de que isso é verdade, em especial quando o inimigo tentar acusá-la ferozmente de coisas que aconteceram em seu passado.

A Bíblia afirma: "Portanto, agora já não há condenação para os que estão em Cristo Jesus" (Rm 8.1). Perceba que no texto está escrito *"não* há condenação". Ou seja, condenação nenhuma! Não está escrito: "não há muita condenação" nem "se você está em Cristo Jesus, sua condenação é bem pequena". Antes, eles afirma que *"não* há condenação".

Ao aceitar Jesus, ele retira a condenação de todos os pecados e erros de seu passado, libertando-a de toda a culpa. Se você continua a se sentir culpada pelas mesmas coisas depois, ainda não recebeu tudo aquilo que a morte de Jesus tem a intenção de lhe proporcionar.

Se você aceitou o Senhor e ainda se sente culpada quanto ao passado, leve isso a Deus e diga: "Senhor, ainda sinto uma culpa imensa em relação ao que aconteceu no passado. Ajuda-me a viver em teu pleno perdão e a conseguir me perdoar. Tira de mim esses sentimentos de culpa". Ele ouve essa oração e tira a culpa de você porque Jesus já pagou o preço para que isso acontecesse.

Se fizermos algo errado *depois* de aceitar Jesus, ele nos oferece uma saída da condenação por meio da *confissão* do erro e do *arrependimento*. Arrepender-se significa decidir se afastar do erro e nunca mais voltar a cometê-lo. É importante saber que o inimigo sempre nos fará sentir *condenação* por nossos erros. O Senhor, em contrapartida, nos leva à *convicção* do erro. Há uma grande diferença entre as duas atitudes. A *condenação* leva à *paralisia* e à *morte*. A *convicção* leva ao *arrependimento*, à *confissão*, ao *perdão* e à *vida*.

Muitas vezes, continuamos a viver em condenação. A culpa nos suga a vida, e não devemos permitir que isso aconteça. Precisamos reconhecer que a condenação é um dos meios usados pelo inimigo para tentar nos separar de Deus. A barreira de separação, porém, não vem do Senhor. Nós mesmas a colocamos. Quando nos sentimos culpadas por algo, nos escondemos de Deus. Não queremos estar diante dele, por isso não oramos com a frequência ou a eficácia necessárias. A única maneira de cessar esse ciclo é limpar nossa ficha por meio da confissão e do arrependimento.

*Por causa de Jesus, o Espírito Santo de Deus habita em você*
Ao aceitar Jesus, o Espírito Santo passa a habitar em você. O poder de Deus flui por meio do Espírito Santo e você tem acesso a esse poder porque ele reside em seu interior. (Leia mais sobre esse assunto no próximo capítulo.)

*Por causa de Jesus, a vida eterna ao lado dele está garantida*
Quando Jesus morreu e ressuscitou dos mortos, ele derrotou o poder da morte sobre você. Ao aceitá-lo, você também recebe a vida ressurreta dele em sua existência. "Porque a vontade de meu Pai é que todo aquele que olhar para o Filho e nele crer tenha a vida eterna, e eu o ressuscitarei no último dia" (Jo 6.40). Deus promete ressuscitá-la quando você morrer, e a habitação do Espírito Santo em seu interior é a garantia de que ele cumprirá essa promessa.

Além disso, você tem acesso ao poder de ressurreição sempre que enfrentar a morte no dia a dia — em seus relacionamentos, em sua saúde, nas finanças, no trabalho, em seus sonhos ou em suas habilidades. Além de Deus ter poder para ressuscitar um corpo morto, ele é capaz de ressuscitar qualquer área morta de sua vida. Ele é o único que pode lhe conceder vida *antes* e *depois* da morte.

*Por causa de Jesus, sua herança é a mesma que ele recebe*
Quando aceita Jesus, você se torna filha de Deus. "Se somos filhos, então somos herdeiros; herdeiros de Deus e co-herdeiros com Cristo, se de fato participamos dos seus sofrimentos, para que também participemos da sua glória" (Rm 8.17). Ser co-herdeira com Cristo significa que tudo aquilo que o Pai deu ao Filho, ele também lhe dará.

*Por causa de Jesus, você pode ver o reino de Deus*
Não podemos ver nada da perspectiva de Deus sem aceitar Jesus. Podemos acreditar, de todo o coração, que somos iluminadas, mas sem aceitar Jesus e receber o Espírito Santo de Deus, somos cegas espirituais. Assim que o Espírito Santo habita em nós, adquirimos a capacidade de ter o discernimento divino. Jesus declarou: "Digo-lhe a verdade: Ninguém pode ver o Reino de Deus, se não nascer de novo" (Jo 3.3). Nem mesmo todo o intelecto do mundo lhe permitirá ver o Senhor e seu reino.

*Por causa de Jesus, você pode ir além de suas limitações*
Jesus a capacita a fazer aquilo que não conseguiria realizar sem ele. Cristo disse: "Se alguém permanecer em mim e eu nele, esse dará muito fruto; pois sem mim vocês não podem fazer coisa alguma" (Jo 15.5). Ele não ajuda você a simplesmente sobreviver. Deus a capacita a se libertar das coisas que a impedem de ser tudo aquilo que ele planejou.

*Por causa de Jesus, você tem esperança de cura*
Jesus é quem cura. Ele não se apresentaria para curá-la se não soubesse o que necessita ser curado. Esse é um aspecto tão importante do que Jesus faz que dediquei um capítulo inteiro a isso no livro. (Leia mais sobre esse assunto no capítulo 21.)

*Por causa de Jesus, você pode desfrutar mais plenitude de vida*
Jesus disse: "Eu vim para que tenham vida, e a tenham plenamente" (Jo 10.10). É importante frisar que ter plenitude não implica ser rica, famosa e cheia de realizações. Significa que Cristo nos dá mais do que precisamos. "Olho nenhum viu, ouvido nenhum ouviu, mente nenhuma imaginou o que Deus preparou para aqueles que o amam." (1Co 2.9).

*Por causa de Jesus, você se torna uma nova pessoa*
Todas nós precisamos de uma segunda chance, de um novo começo. Poder deixar o passado para trás e se tornar uma nova pessoa é um dom miraculoso. "Se alguém está em Cristo, é nova criação. As coisas antigas já passaram; eis que surgiram coisas novas!" (2Co 5.17). Quando você aceita Jesus, está destinada a se tornar mais semelhante a ele (Rm 8.29).

## Como ter certeza de que aceitei Jesus?

O relacionamento com Deus é o alicerce sobre o qual você pode construir uma vida de liberdade, plenitude e sucesso verdadeiro. Ele começa quando você aceita Jesus e seu relacionamento com Deus se estabelece com firmeza. Pedro disse, acerca de Cristo: "Não há salvação em nenhum outro, *pois, debaixo do céu não há nenhum outro nome dado aos homens pelo qual devamos ser salvos*" (At 4.12; grifo da autora).

Jesus nos dá a salvação porque temos fé nele, não por causa das coisas boas que fazemos (Rm 9.31-32). Ele morreu por nós porque somos *pecadoras*, não por sermos *perfeitas*. Portanto, podemos nos achegar a ele da maneira que estamos. Ele deseja que nos aproximemos com humildade, cientes de que ele fez tudo e de que não fizemos nada para merecer a salvação. "Pois vocês são salvos pela graça, por meio da fé, e isto não vem de vocês, é dom de Deus" (Ef 2.8).

Você aceita Jesus porque Deus Pai a está atraindo para si. Jesus declarou: "Ninguém pode vir a mim, se o Pai, que me enviou, não o atrair; e eu o ressuscitarei no último dia" (Jo 6.44).

Aceitar Jesus não é algo que acontece por acaso, num dia feliz. Não é um acidente.

Se você deseja aceitar Jesus, dê estes quatro passos simples:

1. *Creia que Jesus é quem ele afirmou ser.*

Jesus declarou: "Eu sou o caminho, a verdade e a vida. Ninguém vem ao Pai, a não ser por mim" (Jo 14.6). Diga: *"Jesus, creio que tu és o Filho de Deus, como disseste ser".*

2. *Declare que Jesus morreu na cruz e ressuscitou dos mortos.*

"Se você confessar com a sua boca que Jesus é Senhor e crer em seu coração que Deus o ressuscitou dentre os mortos, será salvo" (Rm 10.9). Diga: *"Jesus, creio que deste tua vida na cruz e que ressuscitaste dos mortos a fim de viver eternamente, para que eu pudesse ter vida eterna contigo".*

3. *Confesse e arrependa-se de pecados e erros.*

"Se afirmarmos que estamos sem pecado, enganamos a nós mesmos, e a verdade não está em nós. Se confessarmos os nossos pecados, ele é fiel e justo para perdoar os nossos pecados e nos purificar de toda injustiça" (1Jo 1.8-9). Arrepender-se significa se afastar do pecado e não ter a intenção de voltar a ele. "Arrependam-se, pois, e voltem-se para Deus, para que os seus pecados sejam cancelados, para que venham tempos de descanso da parte do Senhor" (At 3.19-20). Diga: *"Senhor, confesso meus pecados e minhas falhas e me arrependo. Peço que me ajudes a viver nos teus caminhos agora, para me tornar tudo aquilo que me criaste para ser".*

4. *Peça a Jesus que viva em você e que a encha com seu santo Espírito; agradeça a ele por ser agora uma filha de Deus.*

"Quem confessa publicamente o Filho tem também o Pai" (1Jo 2.23). Diga: *"Jesus, peço que entres em meu coração e me enchas com teu Espírito Santo, para que eu me torne o que me criaste para ser. Obrigada por me perdoares, por me garantires uma posição como filha de Deus, por me dares vida eterna ao teu lado e uma vida melhor hoje".*

Se fez essa oração de todo o coração pela primeira vez, demonstrando que aceitou Jesus, você foi adotada na família de

Deus. Foi perdoada, está liberta da morte, tanto agora quanto eternamente, e tem um futuro garantido com o Senhor. Escreva a data de hoje em sua Bíblia para sempre se lembrar deste dia. Essa é a decisão mais importante de sua vida.

Jesus realizou tanto por nós, mas, muitas vezes, agimos como se isso não fosse verdade. Vivemos como se não tivéssemos esperança, como se ele não proporcionasse cura nem fizesse mais milagres, como se não fôssemos uma nova pessoa e não pudéssemos ter plenitude de vida de forma alguma. Permitimos que a culpa pese sobre nós, temos medo da morte e vivemos sem autoridade porque não cremos que somos verdadeiramente filhas de Deus e que seu Espírito habita em nós. Não deixe isso acontecer com você. A despeito do que se passe em sua vida, lembre-se de que a salvação não é apenas algo que Jesus fez *por* você; é também Jesus vivendo *em* você. Portanto, você tem tudo de que precisa para enfrentar seu passado, presente e futuro.

## *Poder da oração*

Senhor Jesus, sei que vieste "buscar e salvar o que estava perdido" (Lc 19.10). Obrigada por veres que eu estava perdida e por me salvares para ti e teus propósitos. Obrigada porque morreste por mim; por isso, tenho a vida eterna, e teu sangue me purifica de todo pecado (1Jo 1.7). Agora posso viver livre da culpa e da condenação. Creio que "debaixo do céu não há nenhum outro nome dado aos homens pelo qual devamos ser salvos" (At 4.12).

Obrigada, Jesus, por eu ser co-herdeira contigo de todas as bênçãos do Pai celestial. Obrigada por me reconciliares contigo (2Co 5.18). Obrigada porque tenho o Espírito Santo dentro de mim e não sou mais controlada pela carne. Obrigada porque tenho acesso a uma vida de esperança, cura, poder, amor, liberdade, realização e propósito.

Ajuda-me a compreender tudo que realizaste na cruz. Permite-me viver como a nova criação que me fizeste para ser.

Auxilia-me a ver a vida de sua perspectiva. Ensina-me a receber tudo que tua morte me proporcionou. A partir de agora, tudo que eu fizer em ato ou palavra, ajuda-me a fazer em teu nome, Jesus, dando graças a Deus, o Pai, por meio de ti (Cl 3.17).

Em nome de Jesus, amém.

## Poder da Palavra

*Eu sou a ressurreição e a vida. Aquele que crê em mim, ainda que morra, viverá; e quem vive e crê em mim não morrerá eternamente.*
JOÃO 11.25-26

*Eis que estou à porta e bato. Se alguém ouvir a minha voz e abrir a porta, entrarei e cearei com ele, e ele comigo.*
APOCALIPSE 3.20

*E vimos e testemunhamos que o Pai enviou seu Filho para ser o Salvador do mundo. Se alguém confessa publicamente que Jesus é o Filho de Deus, Deus permanece nele, e ele em Deus.*
1JOÃO 4.14-15

*Mas se Cristo está em vocês, o corpo está morto por causa do pecado, mas o espírito está vivo por causa da justiça.*
ROMANOS 8.10

*Vou preparar-lhes lugar. E se eu for e lhes preparar lugar, voltarei e os levarei para mim, para que vocês estejam onde eu estiver.*
JOÃO 14.2-3

CAPÍTULO 3

## Dê boas-vindas ao Espírito Santo

Enquanto eu viver, nunca conseguirei entender como alguém é capaz de encontrar paz, esperança e realização sem Jesus e sem o dom do Espírito Santo. Eu não conseguiria viver sem a presença do Espírito Santo em minha vida. Não gostaria nem de tentar. Fiz isso por anos e ainda me lembro do vazio, da dor, do fracasso e do tormento de morrer um pouquinho a cada dia.

Recebemos muitos dons maravilhosos ao aceitar Jesus, mas o dom do Espírito Santo é o mais precioso de todos. Consigo entender porque o único pecado imperdoável é a blasfêmia contra o Espírito Santo. Apenas alguém incorrigivelmente mau faria algo assim. Aqueles que o conhecem de verdade, nunca o rejeitariam. Aqueles que o rejeitam não o conhecem de fato.

*Para ter liberdade, plenitude e sucesso verdadeiro na vida, é necessário receber o poder do Espírito Santo. Essas qualidades só podem ser obtidas por meio dele.*

### O QUE SIGNIFICA TER O ESPÍRITO SANTO

O Espírito Santo habita em todo cristão. Aceitamos Jesus porque o Espírito Santo nos atrai a ele. O Espírito de Deus abre nossos olhos para que consigamos enxergar os erros de nossos caminhos e a necessidade de arrependimento. Quando você abre o coração a Jesus, é preenchida pelo Espírito Santo. A partir de então, inicia uma aventura maravilhosa de descobrir quem ele é, tudo que ele faz por você, e o significado de tê-lo em sua vida. Você nunca mais será a mesma. Há um mover do Espírito em seu interior, e você precisa agir de acordo com ele.

### Ter o Espírito Santo significa pertencer a Deus

O objetivo de ter uma vida de oração é se aproximar de Deus e desfrutar de um relacionamento cada vez mais íntimo com ele. Aceitar Jesus e ser preenchida pelo Espírito Santo é o meio de se ter uma conexão íntima com Deus. O Espírito Santo é a garantia de que você pertence a Deus. "Vocês não estão sob o domínio da carne, mas do Espírito, se de fato o Espírito de Deus habita em vocês. E, se alguém não tem o Espírito de Cristo, não pertence a Cristo" (Rm 8.9).

### Ter o Espírito Santo significa capacidade de ser transformada

A Bíblia diz: "Ora, o Senhor é o Espírito e, onde está o Espírito do Senhor, ali há liberdade" (2Co 3.17). Somos libertas na presença do Espírito Santo. É extremamente importante se lembrar disso. A liberdade que encontramos na presença do Espírito Santo não caracteriza estar livre para fazer o que quiser. É liberdade para realizar aquilo que *Deus* quer, para que nos tornemos quem ele nos criou para ser. "E todos nós, que com a face descoberta contemplamos a glória do Senhor, segundo a sua imagem estamos sendo transformados com glória cada vez maior, a qual vem do Senhor, que é o Espírito" (2Co 3.18).

### Ter o Espírito Santo significa não ter de andar segundo a carne

Se Cristo está em você, então o Espírito Santo também está. Portanto, você não precisa mais viver segundo a carne. "Pois se vocês viverem de acordo com a carne, morrerão; mas, se pelo Espírito fizerem morrer os atos do corpo, viverão" (Rm 8.13). A mensagem é bem clara. Se vivermos de acordo com nossa carne, sempre fazendo o que *nós* queremos, acabaremos nos destruindo. Talvez não imediatamente. Talvez não hoje. Mas um dia isso acontece, e é possível que seja logo. Contudo, se formos conduzidas pelo Espírito, seremos capazes de matar o desejo de agradar a carne a todo instante. Então poderemos viver do jeito de Deus e nossa vida dará certo.

Ser guiada pelo Espírito não apenas denota obedecer a mandamentos específicos de Deus, mas também significa ser sensível às sugestões silenciosas do Espírito Santo em todos os momentos. É ter uma percepção provinda dele sobre o que fazer e quando fazer, e saber também o que *não* fazer.

*Ter o Espírito Santo significa estar com Jesus após a morte*
A melhor notícia é que o Espírito Santo que vive em você ressuscitou Jesus dos mortos e lhe fará o mesmo. "Se o Espírito daquele que ressuscitou Jesus dentre os mortos habita em vocês, aquele que ressuscitou a Cristo dentre os mortos também dará vida a seus corpos mortais, por meio do seu Espírito, que habita em vocês" (Rm 8.11).
Assim que me tornei cristã, fiquei preocupada se Deus se esqueceria de mim quando eu morresse. "Como ele vai se lembrar?" Hoje percebo que o Espírito Santo em mim conduzirá meu espírito diretamente a Deus. Isso é garantido. O mesmo vale para você também. O Senhor não a deixará nem a abandonará, pois você está ligada a ele para sempre. O Espírito Santo é um adiantamento gigantesco feito em nossa alma, que garante que fomos compradas por um preço e que nossa redenção plena ocorrerá quando formos ter com Deus. Até então, o Espírito Santo em você lhe dará o senso da eternidade todos os dias.

*Ter o Espírito Santo significa capacidade de ser guiada por Deus*
Seus pensamentos, suas ações e palavras podem ser guiadas pelo Espírito Santo, e esse é outro indicativo de que você é filha de Deus. "Porque todos os que são *guiados pelo Espírito de Deus* são filhos de Deus" (Rm 8.14; grifo da autora). A palavra grega para "guiado" nesse versículo também pode ser traduzida por "ser *continuamente* guiado". Isso quer dizer que o Espírito Santo pode nos orientar ao longo dos dias. A Bíblia também nos recomenda: "Deixem-se encher pelo Espírito" (Ef 5.18). Essa passagem sugere que sejamos "enchidos continuamente".

*Ter o Espírito Santo significa sempre ter ajuda e esperança*
O Espírito Santo nos ajuda em todas as coisas. "O Conselheiro, o Espírito Santo, que o Pai enviará em meu nome, lhes

ensinará todas as coisas e lhes fará lembrar tudo o que eu lhes disse" (Jo 14.26). O Espírito Santo nos enche de esperança e paz (Rm 15.13).

*Ter o Espírito Santo significa capacidade de orar com mais eficácia*
O Espírito Santo nos auxilia a orar com poder. "Da mesma forma o Espírito nos ajuda em nossa fraqueza, pois não sabemos como orar, mas o próprio Espírito intercede por nós com gemidos inexprimíveis" (Rm 8.26). O Espírito Santo orienta nossas orações para que elas estejam alinhadas com a vontade de Deus, tornando-as muito mais poderosas e eficazes.

*Ter o Espírito Santo significa capacidade
de se mover no poder de Deus*
Por causa do Espírito Santo dentro de nós, temos acesso ao poder de Deus. Nunca devemos ignorar esse fato. Em nenhum momento, devemos ter "aparência de piedade, mas negando o seu poder" (2Tm 3.5). Quando negamos o poder de Deus, fechamos as portas para toda a amplitude de sua obra em nossa vida. Limitamos o que ele pode fazer *em* nós e *por meio de* nós. Sem o poder divino, não conseguimos superar nossas limitações nem enfrentar tudo que se levanta contra nós.

*Ter o Espírito Santo significa ter acesso
à sabedoria e à verdade de Deus*
Não somos capazes de fazer o que precisamos sem a sabedoria de Deus. Ele nos dá discernimento e revelação. "Delas também falamos, não com palavras ensinadas pela sabedoria humana, mas com palavras ensinadas pelo Espírito, interpretando verdades espirituais para os que são espirituais" (1Co 2.13). Ele nos revela verdades (2Pe 1.21) e nos ensina todas as coisas (Jo 14.26). Não conseguimos orientar nossa vida sem sabedoria, discernimento e revelação.

Para ter uma vida bem-sucedida, precisamos ser pessoas que têm compromisso com a verdade. Necessitamos ter o Espírito da verdade em nós, ensinando o que é verdadeiro e o que não é. Não queremos ser pessoas que "estão sempre aprendendo, e jamais conseguem chegar ao conhecimento da verdade" (2Tm 3.7). Precisamos que o Espírito da verdade nos capacite a discernir a verdade em todas as situações (Jo 14.16-17). A competência de discernir entre verdade e mentira é importante em todos os aspectos de nossa vida. Quantas pessoas já se encontraram em cativeiro, fragmentação e fracasso porque não conseguiam discernir a verdade nas situações de sua vida!

O Espírito Santo de Deus também é chamado de Conselheiro (Jo 14.26); Espírito da graça (Hb 10.29); Espírito de vida (Rm 8.2); Espírito de adoção (Rm 8.15, RA); e Espírito de santidade (Rm 1.4). Ele é eterno (Hb 9.14); onipresente (Sl 139.7-10); onipotente (Lc 1.35); e onisciente (1Co 2.10-11). O Espírito Santo lhe proporciona uma vida repleta de sentido e satisfação. Ele a edifica e a guia, torna a Palavra de Deus viva e, por seu poder, capacita você a realizar coisas que nunca faria sem sua ajuda. Como seria possível viver sem ele?

## *Poder da oração*

Senhor, é tão bom estar em tua presença, pois nela tudo faz sentido. É maravilhoso encontrar-me mais uma vez em casa contigo, em oração. Sempre que estou contigo, sinto paz, amor e alegria crescerem dentro de mim. Quando não passo tempo suficiente em tua presença, sinto muita falta da sensação inestimável de plenitude que desfruto ao teu lado.

Deus, apresento-me diante de ti para pedir que me enchas mais uma vez com teu Espírito Santo. Purifica-me com tua água viva. Lava qualquer dúvida, medo ou preocupação em meu coração. Tira tudo o que há em mim que não pertença a ti. Permite-me andar no Espírito, e não na carne, e demonstrar o fruto de teu Espírito (Gl 5.16-17). Faze uma obra completa em mim, a fim de que eu possa demonstrar teu puro amor aos outros.

Ensina-me tudo que preciso saber sobre ti. Capacita-me a demonstrar fidelidade, mansidão e domínio próprio (Gl 5.22-23). Tu és o Espírito de sabedoria, graça, santidade e vida. Tu és o Espírito de conselho, poder e conhecimento (Is 11.2). Espírito da verdade, ajuda-me a discernir a verdade em todas as coisas. Obrigada por me conduzires e guiares. Obrigada por seres meu Ajudador e Consolador. Agradeço-te também porque teu Espírito em mim me capacita a andar em teus caminhos e cumprir teus mandamentos (Ez 36.27). Ajuda-me a orar com poder e a te adorar de modo que seja agradável a ti. Obrigada porque me ressuscitarás para estar contigo quando minha vida na Terra terminar. Até esse dia, conduze-me para mais perto de ti.

Em nome de Jesus, amém.

## Poder da Palavra

*Porei o meu Espírito em vocês e os levarei
a agirem segundo os meus decretos e a
obedecerem fielmente às minhas leis.*
EZEQUIEL 36.27

*Mas quando o Espírito da verdade vier, ele os guiará
a toda a verdade. Não falará de si mesmo; falará apenas
o que ouvir, e lhes anunciará o que está por vir.*
JOÃO 16.13

*E eu pedirei ao Pai, e ele lhes dará outro Conselheiro
para estar com vocês para sempre, o Espírito da
verdade. O mundo não pode recebê-lo, porque não
o vê nem o conhece. Mas vocês o conhecem, pois ele
vive com vocês e estará em vocês.*
JOÃO 14.16-17

*Arrependam-se, e cada um de vocês seja batizado em
nome de Jesus Cristo para perdão dos seus pecados, e
receberão o dom do Espírito Santo.*
ATOS 2.38

> *Porque todos os que são guiados pelo Espírito de Deus são filhos de Deus. Pois vocês não receberam um espírito que os escravize para novamente temerem, mas receberam o Espírito que os torna filhos por adoção, por meio do qual clamamos: "Aba, Pai". O próprio Espírito testemunha ao nosso espírito que somos filhos de Deus.*
> ROMANOS 8.14-16

CAPÍTULO 4

## Leve a sério a Palavra de Deus

É impossível conhecer Deus sem saber o que sua Palavra diz a respeito dele. A Palavra de Deus ajuda você a entender o que dá certo em sua vida e o que não dá. A obediência à Palavra de Deus começa com a determinação de não fazer concessões em relação aos caminhos do Senhor. Exige uma compreensão clara de que as regras e leis de Deus são para nosso benefício; por isso, fazemos tudo para viver de acordo com elas. Quando se vive dessa maneira, cada passo de obediência leva para mais perto da liberdade, da plenitude e do sucesso verdadeiro que o Senhor planejou para você.

Minha vida nunca foi fácil. Imagine não poder contar com uma mãe para orientá-la, e ter um pai que apenas tentava lidar com a esposa mentalmente debilitada. Além disso, faltava contato com outros membros da família que talvez pudessem ter ajudado, mas que se encontravam distantes e ocupados com a própria vida. Quem cresce assim precisa aprender muitas lições da maneira mais difícil. Isso significa fazer inúmeras escolhas erradas por não saber o que é melhor, e depois arcar com as consequências.

Só consigo identificar uma vantagem em aprender a fazer a vida dar certo do jeito mais difícil: compreendi as lições bem o bastante para transmiti-las a outros com alguma credibilidade. Isso porque já estive na situação dessas pessoas, passei pelas mesmas situações, e tenho as cicatrizes como provas. Passei por muita dor e muito sofrimento desnecessários porque não sabia qual era a coisa certa a fazer. Eu era inocente demais para notar a aproximação de desastres. Se eu tivesse conhecido o

Senhor ainda nova, se tivesse aprendido seus caminhos e fosse orientada pelo Espírito Santo, nunca teria feito tantas coisas irresponsáveis, tolas e perigosas. Precisava ter entendido a Palavra de Deus muito antes. Quero transmitir a você o que eu gostaria de saber naquela época.

### Aprenda a levar a sério a Palavra de Deus

Você precisa saber que é escrava da pessoa a quem obedece. Se obedecer às leis de Deus, torna-se escrava da justiça. Caso se entregue a uma vida de desobediência aos caminhos do Senhor, transforma-se em escrava do pecado. "Não sabem que, quando vocês se oferecem a alguém para lhe obedecer como escravos, tornam-se escravos daquele a quem obedecem: escravos do pecado que leva à morte, ou da obediência que leva à justiça?" (Rm 6.16).

Algumas pessoas pensam que estão completamente livres quando vivem em oposição aos caminhos de Deus, mas a verdade é que elas se tornam escravas de seu estilo de vida e não são nem um pouco livres. Nós, porém, *podemos* ser libertas da escravidão do pecado e nos tornar escravas da justiça, o que nos proporciona recompensas incontáveis (Rm 6.17-18).

Para isso, precisamos reconhecer que somos incapazes de obedecer às leis divinas por conta própria. Somos fracas demais. Nem sempre conseguimos fazer a coisa certa, mesmo quando queremos. Com frequência, acabamos fazendo justamente aquilo que não queremos. O apóstolo Paulo aponta isso: "Pois o que faço não é o bem que desejo, mas o mal que não quero fazer, esse eu continuo fazendo" (Rm 7.19). Mesmo alguém tão forte na fé como Paulo — que viu a Jesus, devo acrescentar — lutava contra isso.

Depois que aceitamos o Senhor, temos um conflito interior entre a velha natureza pecaminosa e o novo eu redimido. A carne tem seus desejos, enquanto a mente deseja servir às leis de Deus. Jesus declarou: "Por que vocês me chamam 'Senhor, Senhor' e não fazem o que eu digo?" (Lc 6.46). Se chamamos

Jesus de "Senhor", é nossa responsabilidade aprender a discernir o certo do errado. E somente por meio da leitura da Palavra de Deus conseguimos enxergar o que fazemos de errado. Embora possamos escolher fazer o certo, é o poder do Espírito Santo que nos capacita a isso.

Jesus nos livra do velho eu e nos faz livres para viver no poder do Espírito Santo. *Nós* escolhemos ler a Palavra de Deus e orar para que o Espírito Santo a vivifique em nosso coração e nos capacite a seguir os caminhos do Senhor.

### Alguns bons motivos para permitir que a Palavra de Deus habite em você

*Para que suas orações sejam ouvidas.*
"Se alguém se recusa a ouvir a lei, até suas orações serão detestáveis" (Pv 28.9).

*Para que suas orações sejam respondidas.*
"Se vocês permanecerem em mim, e as minhas palavras permanecerem em vocês, pedirão o que quiserem, e lhes será concedido" (Jo 15.7).

*Para ficar distante dos perigos.*
"Passada a tempestade, o ímpio já não existe, mas o justo permanece firme para sempre" (Pv 10.25).

*Para receber cura e livramento.*
"Ele enviou a sua palavra e os curou, e os livrou da morte" (Sl 107.20).

*Para permanecer num caminho que afasta da morte.*
"No caminho da justiça está a vida; essa é a vereda que nos preserva da morte" (Pv 12.28).

*Para receber tudo que Deus planejou para você.*
"O Senhor Deus é sol e escudo; o Senhor concede favor e honra; não recusa nenhum bem aos que vivem com integridade" (Sl 84.11).

*Para ter paz.*
"Os que amam a tua lei desfrutam paz, e nada há que os faça tropeçar" (Sl 119.165).

*Para prosperar e ter sucesso.*
"Não deixe de falar as palavras deste Livro da Lei e de meditar nelas de dia e de noite, para que você cumpra fielmente tudo o que nele está escrito. Só então os seus caminhos prosperarão e você será bem-sucedido" (Js 1.8).

*Para ter o alimento da alma.*
"Nem só de pão viverá o homem, mas de toda palavra que procede da boca de Deus" (Mt 4.4).

*Para sentir a presença de Deus.*
"Senhor, quem habitará no teu santuário? Quem poderá morar no teu santo monte? Aquele que é íntegro em sua conduta e pratica o que é justo, que de coração fala a verdade" (Sl 15.1-2).

É extremamente importante compreender que a leitura da Palavra de Deus não nos justifica. A justiça vem apenas por meio da fé em Cristo (Fp 3.9). Deus a considera justa graças ao que Jesus fez, não por algo que você tenha feito. Cristo tomou sobre si o seu pecado, para que você pudesse receber a justiça de Deus. A justificação não é manifestada pelas suas obras mas pela graça de Deus. "Deus tornou pecado por nós aquele que não tinha pecado, para que nele nos tornássemos justiça de Deus" (2Co 5.21).

## Ame a lei do Senhor

O rei Davi, tão pecador quanto qualquer pessoa, disse: "Eu me regozijo na tua promessa como alguém que encontra grandes despojos. Odeio e detesto a falsidade, mas amo a tua lei" (Sl 119.162-163); "Obedeço aos teus testemunhos; amo-os infinitamente!" (Sl 119.167). Davi amava a lei do Senhor. Ele também declarou:

A lei do S<small>ENHOR</small> é *perfeita*, e revigora a alma. Os testemunhos do S<small>ENHOR</small> são *dignos de confiança*, e tornam sábios os inexperientes. Os preceitos do S<small>ENHOR</small> são *justos*, e dão alegria ao coração. Os mandamentos do S<small>ENHOR</small> são *límpidos*, e trazem luz aos olhos.

S<small>ALMOS</small> 19.7-8; grifo da autora

Apaixonei-me pela Palavra de Deus pela primeira vez pouco depois de me tornar cristã. O Espírito Santo vivificava meu coração enquanto a lia. Além disso, eu ouvia a Bíblia ser ensinada todas as semanas por um excelente professor. Amava o fato de que a Palavra de Deus fazia sentido e que minha vida dava muito mais certo quando eu vivia de acordo com seus preceitos. Era capaz de senti-la mudando meu coração e minha mente todas as vezes que a lia. E descobri que, quanto mais a ouvia ou lia, mais a amava.

A Bíblia fará o mesmo por você.

Todas as vezes que ler a Palavra de Deus, o Espírito Santo a iluminará em sua alma, e você será continuamente renovada. Ela abrandará os lugares de seu coração que se tornaram duros. Ajudará a transformá-la na pessoa que o Senhor a criou para ser. Você se tornará cada vez mais apta a resistir aos caminhos do mundo que se opõem aos caminhos de Deus.

Toda vez que ler a Bíblia, seu relacionamento com o Senhor será fortalecido e sua fé crescerá. Você sentirá a presença do Espírito Santo conduzindo-a e falando a seu coração, à medida que ele renova sua mente e lhe revela suas verdades. Você terá maior clareza, esperança renovada e uma paz mais profunda. Você se tornará mais parecida com Cristo. E amará mais a Deus e sua Palavra.

A Bíblia é a autoridade suprema de Deus sobre tudo que está relacionado à sua vida. A direção específica que você deve tomar, as decisões que toma ou as ações que realiza precisam estar alinhadas à Palavra do Senhor. Jesus disse que a verdade a libertará (Jo 8.32). Mas não se trata de qualquer verdade. Você pode conhecer a verdade sobre suas finanças, sua saúde, seu casamento, seus relacionamentos, sua situação no trabalho, a economia, o governo e, mesmo assim, nunca ser liberta. Somente a verdade da Palavra de Deus pode libertá-la.

A Palavra de Deus é nossa maior arma na batalha espiritual. Ela é chamada de "espada do Espírito" (Ef 6.17). Precisamos lê-la, falar dela e crer nela para que fiquemos firmes diante dos ataques do inimigo. Nada penetrará em nosso coração e transformará nossa vida mais profundamente. A Palavra de Deus nunca falha. Devemos confiar nisso. Quando a Palavra de Deus não está gravada em nosso coração, corremos atrás de coisas que não nos preenchem. Fazemos coisas erradas que atrapalham nossa existência. Vivemos do nosso jeito e culpamos o Senhor quando a vida não dá certo. Sem a Palavra de Deus, acabamos indo em busca de amor e realização nos lugares errados. Terminamos aprendendo lições do jeito difícil.

## *Poder da oração*

Senhor, sou grata por tua Palavra. Ela me mostra como viver e reconheço que minha vida não dará certo se não vivê-la à tua maneira. Ajuda-me a entender tudo que leio em tua Palavra. Encontra comigo ali, em meio às páginas, e ensina-me o que preciso saber. "Abre os meus olhos para que eu veja as maravilhas da tua lei" (Sl 119.18). Fala a mim e revela as coisas que necessito conhecer.

Obrigada pelo conforto, pela cura, pelo livramento e pela paz que tua Palavra traz a mim. Ela é alimento para minha alma faminta. Ajuda-me a lê-la todos os dias, para que eu adquira um sólido entendimento de quem és, de quem me criaste para ser e de como devo viver. Meu prazer não está no conselho dos ímpios, mas em tua lei. Ajuda-me a meditar nela dia e noite para que eu seja como árvore plantada à beira de águas correntes, que dá fruto no tempo certo e cujas folhas não murcham, a fim de que prospere tudo que eu fizer (Sl 1.1-3).

Ajuda-me a nunca me afastar de tua lei. Que tuas palavras habitem em mim para que, quando eu orar, veja as respostas às minhas orações (Jo 15.7). Capacita-me a viver do teu jeito, para que minhas orações sempre sejam agradáveis a ti (Pv 28.9). Obrigada porque tua Palavra revela o que se passa em meu coração. Peço que o purifiques de todo mal e que reveles qualquer coisa que não for da tua vontade para minha vida. Ensina-me a maneira certa de viver, a fim de que minha vida dê certo da forma que planejaste.

Em nome de Jesus, amém.

---

### Poder da Palavra

*Pois a palavra de Deus é viva e eficaz, e mais afiada que qualquer espada de dois gumes; ela penetra até o ponto de dividir alma e espírito, juntas e medulas, e julga os pensamentos e intenções do coração.*

HEBREUS 4.12

*A relva murcha, e as flores caem, mas a palavra de nosso Deus permanece para sempre.*

ISAÍAS 40.8

*Como é feliz aquele que não segue o conselho dos ímpios, não imita a conduta dos pecadores, nem se assenta na roda dos zombadores! Ao contrário, sua satisfação está na lei do S*ENHOR*, e nessa lei medita dia e noite. É como árvore plantada à beira de águas correntes: Dá fruto no tempo certo e suas folhas não murcham. Tudo o que ele faz prospera!*

SALMOS 1.1-3

*Voltado para o teu santo templo eu me prostrarei e renderei graças ao teu nome, por causa do teu amor e da tua fidelidade; pois exaltaste acima de todas as coisas o teu nome e a tua palavra.*

SALMOS 138.2

*O céu e a terra passarão, mas as minhas palavras jamais passarão.*

LUCAS 21.33

CAPÍTULO 5
---

## Transforme a adoração em hábito

Não consigo enumerar as vezes que entrei na igreja, cantei músicas de louvor e adoração junto com outras pessoas ali e, durante o processo, senti a dureza de meu coração abrandar, minha atitude negativa mudar e alegria pura surgir dentro de mim. Na verdade, só conheci a alegria verdadeira depois que a vivenciei na adoração. Senti a presença do Espírito Santo e tive uma consciência tão profunda do amor de Deus que fui às lágrimas. A alegria do Senhor nasceu em meu coração como o sol, trazendo cura, edificação, profundidade, progresso, calma, segurança e redenção.

Daquele dia em diante, soube que minha vida nunca mais seria a mesma. Fiquei viciada na presença de Deus. Não poderia, nem desejaria, viver sem aquela alegria em meu coração. Não queria mais passar um dia sem que a presença do Senhor se manifestasse profundamente em minha vida. Fiquei deslumbrada com a presença de Deus e tudo que ele é. Não importava mais o que eu havia enfrentado ou em que circunstâncias me encontrava. Foi o único momento de minha vida, até aquele instante, em que senti amor incondicional.

Tive percepção da presença de Deus muitas vezes desde então, e cada uma delas foi transformadora. Mas sempre me lembrarei com carinho da primeira vez, quando saí das trevas do passado e dos hábitos de pensamentos negativos que ameaçavam destruir minha vida e entrei na luz fulgurante do Senhor.

Você precisa da mesma experiência. Necessita ser capaz de deixar de lado suas preocupações e seus problemas, e estar na presença do Senhor, permitindo que o amor divino lave-a e encha-a de paz e alegria.

## A ORAÇÃO MAIS PURA

Minha definição de oração é simplesmente comunicar-se com Deus. Uma consequência disso é que a forma mais pura de oração é a adoração e o louvor. É pura porque o foco se volta todo para o Senhor, não para nós. Ao adorar, aproximamo-nos de Deus, apenas para estar em sua presença, e comunicamos nossa reverência, gratidão, devoção, nosso amor e louvor a ele.

A Bíblia diz que Deus habita em meio aos louvores de seu povo. "Porém tu és Santo, o que habitas entre os louvores de Israel" (Sl 22.3, RC). Quando o adoramos, sua presença vem habitar conosco de maneira poderosa, porque o louvor e a adoração são um convite à presença do Senhor. O momento em que chegamos mais perto de Deus é quando o adoramos. Ele é Emanuel, que significa "Deus conosco". Ele *quer* estar *conosco*. Mas *nós* devemos estar com *ele* primeiro. Demonstramos que queremos estar com ele todas as vezes que o adoramos.

O maior dom que temos é a presença de Deus. Ela muda tudo em nossa vida. Transforma nosso coração, nossa mente, atitude e até mesmo nossas circunstâncias. É por isso que é impossível permanecer na presença do Senhor e não vivenciar mudanças positivas. A razão disso é que nos tornamos mais semelhantes a ele quando adoramos (Sl 115.4-8). Quanto mais adoramos o Senhor, mais parecidas com ele ficamos.

Para encontrar liberdade, plenitude e sucesso verdadeiro na vida, devemos nos tornar mais semelhantes a Deus. Isso implica passar tempo em sua presença, transformando o louvor e a adoração num estilo de vida.

A maior parte das pessoas não adora a Deus o quanto deveria porque não o conhece o suficiente. Não entendem por completo todos os motivos que o tornam digno de louvor. Tampouco percebem o impacto imenso que o louvor e a adoração podem ter sobre sua vida. Mas se você pedir ao Senhor todo dia que lhe dê uma nova revelação de quem ele é, ele o fará. Garanto que, quanto mais o conhecer, mais desejará louvá-lo.

O louvor e a adoração são os meios que Deus usa para transformar nossa vida. Isso acontece porque há uma dádiva do Senhor escondida dentro de nossa adoração a ele. Deus não precisa do nosso louvor para se sentir melhor acerca de si mesmo ou para confirmar que é Deus. Ele já sabe que é Deus, não tem dúvida alguma a esse respeito. O propósito do louvor e da adoração não é lembrar o Senhor quem ele é. É *nos* lembrar de quem Deus é. *Nós* é que precisamos ser lembrados.

A dádiva preciosa que o Senhor nos dá quando o adoramos é mais dele mesmo. Quando abrimos nosso coração a Deus em louvor, ele derrama de si em nós. Derrama amor, paz, poder, alegria, bondade, sabedoria, santidade, plenitude e liberdade toda vez que o adoramos.

Portanto, sempre que sentir necessidade de mais do Senhor em sua vida, sempre que precisar de mais paz, poder, amor, alegria ou sabedoria, adore a Deus.

Deus criou você para louvá-lo. Foi para isso que nasceu. É nessa atividade que você encontrará mais paz e sensação de propósito. É ao adorar que você verá quem o Senhor de fato é e, ao fazê-lo, descobrirá quem *você* é também. Mas a adoração precisa se tornar um estilo de vida, um hábito, uma decisão efetiva, uma parte de sua vida, uma prioridade, como o ar que respiramos.

Além de ser necessário reservarmos momentos pessoais de adoração, é muito importante que adoremos com outros cristãos. Coisas poderosas acontecem durante a adoração coletiva. Uma sensação contagiante de reavivamento na alma nos derrete o coração. Curas acontecem na presença de Deus e verdades se tornam mais claras em nossa mente. O sentimento é de riqueza, renovação e revitalização. O louvor e a adoração também são armas da batalha espiritual porque podem reverter o que foi colocado em movimento pelo inimigo.

A adoração contínua no coração pode mudar tudo, em especial quando ela é sua *primeira* reação às coisas que acontecem, sejam boas ou ruins. Quanto mais você souber quem Deus é, mais desejará adorá-lo. Quanto mais souber o que ele fez, mais lhe dará louvor.

## Inspiração para adorar

Quando quiser um grande incentivo para adorar, leia todo o salmo 103. Veja a seguir alguns versículos desse capítulo para despertar seu interesse. Se você não encontrar motivo para adorar a Deus em nenhum deles, peça ao Senhor que provoque um grande despertamento em sua vida.

> Bendiga o Senhor a minha alma! Bendiga o Senhor todo o meu ser! (v. 1).
>
> Bendiga o Senhor a minha alma! Não esqueça nenhuma de suas bênçãos! (v. 2).
>
> É ele que perdoa todos os seus pecados e cura todas as suas doenças (v. 3).
>
> Que resgata a sua vida da sepultura e o coroa de bondade e compaixão (v. 4).
>
> Que enche de bens a sua existência, de modo que a sua juventude se renova como a águia (v. 5).
>
> O Senhor faz justiça e defende a causa dos oprimidos (v. 6).
>
> O Senhor é compassivo e misericordioso, mui paciente e cheio de amor (v. 8).
>
> Não nos trata conforme os nossos pecados nem nos retribui conforme as nossas iniquidades (v. 10).
>
> Pois como os céus se elevam acima da terra, assim é grande o seu amor para com os que o temem (v. 11).
>
> E como o Oriente está longe do Ocidente, assim ele afasta para longe de nós as nossas transgressões (v. 12).

## Como ser transformada pela adoração

Amo a história do Antigo de Testamento na qual o povo, ao transportar a arca da aliança, que continha os Dez Mandamentos, parava a cada seis passos para adorar a Deus (2Sm 6.13). Fico muito impressionada com isso. Creio que é algo que devemos fazer também. Deveríamos parar com frequência para adorar a Deus, cujo Espírito Santo da verdade carregamos dentro de nós. Não poderíamos nos permitir ir longe demais sem ter contato íntimo com o Senhor.

Sempre que você se sentir sobrecarregada pelo peso que leva, aproxime-se de Deus em louvor e adoração, ele tirará seu fardo. Quando você não conseguir dar mais um passo, ou sentir que não é capaz de fazer aquilo que precisa, o mais provável é que esteja tentando agir com sua própria força. Ao adorar e louvar ao Senhor, ele a fortalecerá. E você terá uma percepção mais aguçada do poder divino e de sua dependência nele. Deus quer apenas que você o adore em meio a qualquer situação que esteja enfrentando, e confie que ele a capacitará a fazer o que for necessário.

Quanto mais sabemos sobre Deus, mais desejamos adorá-lo. Na verdade, não conseguimos parar.

O louvor fortalece e transforma a alma (Sl 138.1-3). Ele lança fora o medo (Sl 34) e a dúvida (Sl 27). Libera o poder de Deus em sua vida (Sl 144) e destrói os planos do inimigo (Sl 92). Isso ocorre porque o louvor e a adoração colocam uma capa protetora que o inimigo não consegue penetrar. Esse é apenas o início das bênçãos que o Senhor derramará em sua vida quando você começar a adorá-lo. Como encontrar sucesso verdadeiro na vida sem adorar aquele que faz todas as coisas acontecerem?

## *Poder da oração*

Senhor, entro por tuas portas com ações de graça e em teus átrios com louvor (Sl 100.4). Adoro-te por seres o Deus todo-poderoso do céu e da terra, o Criador de todas as coisas. Louvo-te por seres meu Pai celestial, que estás comigo todos os dias para me guiar e proteger. Obrigada por tudo que me deste e pelo que me proporcionarás no futuro. "Senhor, tu és a minha porção e o meu cálice; és tu que garantes o meu futuro. As divisas caíram para mim em lugares agradáveis" (Sl 16.5-6).

Louvo-te pelo amor que me dás e por me fazeres inteira. Derrama teu amor em mim, a fim de que transborde para outros e te glorifique nesse processo. Obrigada pelo maior ato de amor: teres enviado teu Filho para morrer por mim. Louvo-te, Jesus, meu Senhor e Redentor, por haveres me salvado e me dado um alicerce inabalável. "Alargas sob mim o meu caminho, para que os meus tornozelos não se torçam" (2Sm 22.37). Meu maior privilégio é exaltar-te sobre todas as coisas e proclamar-te Rei dos reis e Senhor dos senhores. Ninguém é maior do que tu.

Louvo-te pelo Espírito Santo, que me orienta e consola. Reverencio-te por tua sabedoria e revelação, por tua paz e alegria. Agradeço-te por cuidares de minha vida e porque nada é difícil demais para ti. Obrigada por me capacitares a fazer coisas que nunca *conseguiria* sem ti. Ajuda-me a te adorar de maneiras agradáveis a ti. Tu és santo e digno de todo louvor; por isso, eu te exalto sobre todas as coisas.

Em nome de Jesus, amém.

## Poder da Palavra

*Está chegando a hora, e de fato já chegou, em que os verdadeiros adoradores adorarão o Pai em espírito e em verdade. São estes os adoradores que o Pai procura.*
João 4.23

*Que eles deem graças ao Senhor por seu amor leal e por suas maravilhas em favor dos homens.*
Salmos 107.8

*Aclamem o Senhor todos os habitantes da terra! Prestem culto ao Senhor com alegria; entrem na sua presença com cânticos alegres.*
Salmos 100.1-2

*Bendirei o Senhor o tempo todo! Os meus lábios sempre o louvarão. Minha alma se gloriará no Senhor; ouçam os oprimidos e se alegrem.*
Salmos 34.1-2

*Vocês, porém, são geração eleita, sacerdócio real,
nação santa, povo exclusivo de Deus, para anunciar
as grandezas daquele que os chamou das trevas
para a sua maravilhosa luz.*
1PEDRO 2.9

CAPÍTULO 6

## *Ore como se sua vida dependesse disso*

Pouco antes do Dia de Ação de Graças de 2009, minha irmã Suzy descobriu que estava com câncer de mama. A notícia foi chocante e devastadora para o marido e os filhos dela, bem como para minha família. Suzy é tão importante para nossa vida que a tristeza nos cobriu com seu manto frio. Não conseguíamos parar de chorar; até no meio da noite, acordávamos para chorar e orar. Oramos durante dias e, mesmo assim, não conseguíamos superar aquela notícia devastadora.

Cinco dias depois, Suzy, sua filha Stephanie, nossa querida amiga Roz, minha filha Amanda e eu nos reunimos para orar. Fomos para o escritório no piso superior de minha casa, onde nos reuníamos para orar toda semana. Nosso coração estava pesado, e um espírito de abatimento havia tomado conta de nós. Mesmo com todas as orações dos dias anteriores, não conseguíamos vencer a tristeza.

Naquela reunião de oração, procedemos da forma costumeira: lemos a Palavra primeiro e depois tivemos um momento de louvor. Depois disso, oramos por duas horas. Quando a reunião terminou, experimentamos uma *sensação profunda* da presença de Deus, e o espírito de abatimento se foi por completo. Todas nós percebemos intensamente que as mãos do Senhor estavam sobre Suzy e que ele estaria ao lado dela durante todo o processo. Sentimos que haveria vitória, não só no resultado final, mas ao longo do caminho também. Nenhuma de nós conseguiria desenvolver tais sentimentos por conta própria. Tivemos a certeza de que Deus fizera uma obra em nosso coração, em resposta à adoração e à oração.

Entramos naquele escritório com abatimento e tristeza, mas saímos com a paz do Senhor. Tivemos o sentimento de que Suzy sobreviveria e teria sucesso. Muito embora não soubéssemos o que estava à nossa frente, experimentamos a certeza de que Deus a acompanharia durante aqueles momentos. Sentimos paz que excede todo entendimento humano. Percebemos que o Senhor havia operado um milagre em nosso coração.

Dois dias antes do Natal, Suzy fez uma mastectomia dupla. O médico lhe informou que o câncer não havia se espalhado e que ela não precisaria de mais tratamentos. Foi uma notícia fantástica para todos nós, e o maior presente que poderíamos receber. Era o melhor dos resultados possíveis; porém, mesmo se a notícia não houvesse sido tão positiva, sabíamos que Deus também estaria ao lado dela a cada passo do tratamento. Teríamos continuado a orar pela cura e a manter a paz de espírito que o Senhor nos dera aquele dia.

Tiago, um dos irmãos de Jesus, disse: "Entre vocês há alguém que está sofrendo? Que ele ore" (Tg 5.13). Declarou também: "Não têm, porque não pedem" (Tg 4.2). É impossível ser mais claro do que isso. Precisamos orar.

Continuando a falar sobre a oração, Tiago afirmou: "Quando pedem, não recebem, pois pedem por motivos errados, para gastar em seus prazeres" (Tg 4.3). A oração precisa ser mais do que pedir coisas que queremos. Ela é, antes de tudo, o meio de nos aproximarmos de Deus, de passar tempo e de falar com ele, de ouvi-lo. É dessa maneira que o conhecemos melhor e demonstramos nosso amor por ele. Orar é esperar aos pés do Senhor, para encontrar liberdade e cura em sua presença. A oração é a maneira de reconhecer nossa dependência de Deus e nossa gratidão por seu poder em nossa vida.

Já experimentei incontáveis respostas a orações por meu casamento, meus filhos, por questões de saúde, emocionais, psicológicas, profissionais e muitas outras. Já vi respostas a orações que, na época, nem sabia serem possíveis. Tenho certeza de que

Deus responde às orações e quero que você saiba disso também. Essa convicção é crucial para todos os aspectos de sua vida.

## Resista à tentação de não orar

Se tudo que Tiago afirmou sobre a oração for verdadeiro — e eu acredito que é, pois a Bíblia foi inspirada por Deus — então qual é nosso problema? Por que não oramos o bastante, mesmo quando sabemos que devemos e queremos fazê-lo? Listo abaixo algumas possíveis razões para não orarmos o tanto que deveríamos ou com o fervor necessário:

- Não cremos plenamente no que a Palavra de Deus diz sobre a oração.
- Suspeitamos que a Bíblia foi escrita para todos, menos para nós.
- Achamos que estamos ocupadas demais.
- Não acreditamos que Deus ouvirá nem responderá às nossas orações.
- Não sentimos que somos boas o suficiente para nossa oração merecer uma resposta.
- Queremos que Deus faça nossa vontade sem qualquer esforço de nossa parte.
- Presenciamos ocasiões em que o Senhor não respondeu a uma oração e, por isso, concluímos que ele não responde a *nenhuma* oração.
- Achamos que podemos fazer a vida dar certo por conta própria.
- Imaginamos que Deus tem coisas melhores para fazer do que responder às nossas orações.
- Cremos que Jesus estava falando sobre oração apenas com seus discípulos, e com ninguém mais no planeta.
- Não temos fé suficiente para acreditar que a oração funciona.
- Achamos que não sabemos orar.
- Cremos que não podemos nos apresentar diante de Deus depois de falhar de novo em obedecer-lhe.

- Esquecemos que temos o Espírito Santo em nós, funcionando como uma linha direta com Deus, que nos ajuda a orar.
- Ficamos intimidadas pelas grandes orações que escutamos outros fazerem e temos medo de não sermos eloquentes o bastante.
- Não encaramos a oração como um diálogo com Deus, por isso achamos que nossas orações nunca passam do teto, muito menos chegam aos ouvidos do Senhor.

Se você se identifica com algum desses motivos para não orar o bastante, saiba que não está sozinha. Há muitas pessoas que se sentem da mesma forma. Na verdade, creio que esse sentimento é epidêmico. A boa notícia é que você pode *orar* sobre a *oração* e Deus a capacitará a orar mais e melhor.

Não saber orar não é problema se você define oração como o ato de se comunicar com Deus. Ao orar, você compartilha seu coração com o Senhor. Isso quer dizer que não existe oração errada ou ruim, apenas oração honesta. Caso pense: "Minhas preocupações não têm importância suficiente para que Deus perca tempo em respondê-las", garanto que ele tem tempo em abundância. Na verdade, o Senhor tem todo o tempo do mundo. E tudo aquilo que for importante para você, será importante para ele também. Assim como os bons pais ouvem as crianças falarem sobre qualquer coisa que seja importante para sua mente infantil, Deus ouve você.

Se seu pensamento é: "Não posso voltar clamando a Deus depois de falhar de novo", saiba que todos nós temos momentos de falha. Mesmo após aceitar Jesus e ele perdoar todos os pecados do passado, caímos novamente. Deus sabe disso, e é por isso que nos deu o caminho da confissão e do arrependimento para limpar nossa ficha. Lembre-se de que o inimigo quer que você sinta vergonha, porque ele sabe que isso a impedirá de se aproximar do Senhor. Não dê a ele essa satisfação.

Se você pensa: "Não sinto que sou boa o suficiente para que Deus ouça minhas orações, quanto mais para responder a elas", seja bem-vinda à família. A maioria de nós se sente dessa forma. Mas isso não é ruim. Deixe-me explicar o processo de aceitar Jesus mais uma vez.

A partir do momento em que você aceita Jesus, Deus vê a justiça de Cristo em você. Ele envia o Espírito Santo para habitar em seu interior e, então, você pode se aproximar do Senhor. Pode falar com ele e ouvi-lo falar a seu coração. O Espírito Santo a ajuda a orar; Deus ouve e responde às suas orações, não porque você merece, mas por aquilo que *Jesus* fez.

Isso se chama graça.

Nenhuma de nós é boa o bastante para merecer tudo que Deus tem para nós. É Jesus *em* nós que nos faz boas. É preciso compreender isso, pois, do contrário, o inimigo virá com suas mentiras e a convencerá do oposto, e isso pode continuar impedindo-a de orar.

### O QUE JESUS DISSE SOBRE A ORAÇÃO

Peçam, e lhes será dado; busquem, e encontrarão; batam, e a porta lhes será aberta. Pois todo o que pede, recebe; o que busca, encontra; e àquele que bate, a porta será aberta.

LUCAS 11.9-10

Mas quando você orar, vá para seu quarto, feche a porta e ore a seu Pai, que está em secreto. Então seu Pai, que vê em secreto, o recompensará.

MATEUS 6.6

E tudo o que pedirem em oração, se crerem, vocês receberão.

MATEUS 21.22

E eu farei o que vocês pedirem em meu nome, para que o Pai seja glorificado no Filho. O que vocês pedirem em meu nome, eu farei.

JOÃO 14.13-14

## ORE POR SUAS NECESSIDADES E PELAS DOS OUTROS

O caminho para aprender a orar é orando. Jesus nos ensinou a orar por nossas necessidades no Pai-Nosso. Ele nunca disse para você *não* orar por suas necessidades, mas, sim, que Deus sabe do que você precisa, portanto não é necessário se preocupar com essas coisas. Em vez disso, deve-se orar por elas. Não se preocupar com algo não quer dizer não orar a respeito disso. Significa orar e confiar que o Senhor responderá do jeito dele, no tempo dele. Comece com as necessidades mais prementes de seu coração. Em seguida, ore pelas necessidades de todos a seu redor, em sua vida e no mundo. Peça a Deus que lhe mostre quais são suas necessidades verdadeiras.

Um dia desses, minha filha me contou como ela orou com uma amiga que a procurara especificamente para orar. Essa amiga partilhou algo muito sério e trágico que ocorrera, e como isso prejudicara sua vida desde então. Amanda precisou fazer orações poderosas de livramento, que iam muito além de sua zona de conforto e experiência — e sua amiga foi liberta das amarras da tristeza que invadiram e tomaram conta de sua vida por tanto tempo. É bem provável que Amanda tivesse hesitado caso não fizesse parte de um grupo de oração por anos. Ela ficou contente por ter experiência em orar na frente dos outros e por haver conseguido vencer esse desafio crucial. Ela aprendeu que, quanto mais se ora, mais eficazes se tornam suas orações.

Não deixe passar nenhuma oportunidade de orar pelos outros. Todos precisam de oração, e ninguém se importará com o fato de você ser eloquente ou não.

## QUANDO DEUS NÃO ATENDER SUA ORAÇÃO

Se você orou por algum assunto e ainda não viu resposta, lembre que orar não é dizer a Deus o que ele deve fazer. A oração é contar ao Senhor o que você *deseja* que ele faça e submeter a questão às mãos dele, esperando-o agir como *ele* quiser.

O rei Davi, o homem segundo o coração de Deus, lutou com orações não respondidas. Ele se perguntou por quanto tempo ficaria triste, uma vez que o Senhor parecia não ouvi-lo. No final, decidiu confiar na misericórdia divina e louvar a Deus por todas as coisas boas que havia feito a ele (Sl 13). Nós também precisamos confiar na misericórdia divina e louvar a Deus por todas as coisas boas que ele fez em nossa vida.

Enfurecer-se com o Senhor por ele não atender uma oração não é uma boa maneira de viver. É como bloquear a porta de um supermercado em meio a um período de fome. É morder a mão que a alimenta. É virar as costas à única possibilidade de vivenciar um milagre. Seria melhor se achegar ao Senhor com louvores por ele ser o todo-poderoso e onisciente Deus do universo, aquele que supre qualquer necessidade.

A adoração a Deus aumenta sua fé no fato de ele ser maior do que qualquer pedido apresentado em oração. Isso a ajuda a crer que o Senhor sabe do que você precisa e responderá às suas orações do *jeito dele* e *no tempo dele*. A confiança em Deus abre seus olhos para enxergar que, mesmo quando seus pedidos de oração parecem complicados ou extremos, o Senhor tem poder para mudar todas as coisas. Você terá forças para continuar orando sem cessar.

Orar é abrir seu coração diante de Deus e contar todas as coisas a ele. Não que ele já não conheça essas coisas. O Senhor sabe de tudo. Mas deseja ouvi-las de *você*. É por isso que Deus quer sua dependência. Em sua soberania, o Senhor designou que primeiro *você* deve orar, e depois disso *ele* se moverá em resposta à sua oração. Deus quer que você tenha uma vida de liberdade, plenitude e sucesso verdadeiro, mas isso só pode acontecer se você orar.

## *Poder da oração*

Querido Senhor, ensina-me a orar. Ajuda-me a orar não só por minhas necessidades, mas também pelas necessidades dos outros. Mostra-me como orar a respeito de todas as coisas.

Clamo a ti e apresento minha angústia (Sl 142.1-2). Capacita-me a orar "continuamente" (1Ts 5.17). Auxilia-me a deixar meus pedidos de oração a teus pés e em tuas mãos. Ensina-me a confiar tanto em ti que eu não tenha ideias preconcebidas a respeito de como minhas orações devem ser respondidas. Sei que é meu dever orar e tua parte é responder. Ajuda-me a fazer minha parte e deixar que tu faças a tua.

Ajuda-me a confiar que responderás do teu jeito e em teu tempo. Arrependo-me de todas as vezes que fiz exigências, esperando que respondesses às minhas orações da forma que eu queria. Sei que tua vontade e teus juízos são perfeitos, por isso te louvo acima de todas as coisas, inclusive de meus desejos e minhas expectativas. Tu és meu refúgio e rocha firme, sobre a qual permaneço. Nada pode me abalar, nem mesmo orações aparentemente não respondidas. Quando não conseguir ver as respostas a minhas orações, abre meus olhos para ver as coisas sob a tua perspectiva. "Levanto os meus olhos para os montes e pergunto: De onde me vem o socorro? O meu socorro vem do SENHOR, que fez os céus e a terra" (Sl 121.1-2).

Senhor, sou grata a ti, o Deus do universo, todo-poderoso e onisciente, e também meu Pai celestial, que me amas incondicionalmente e nunca me abandonas. Obrigada por ouvires e responderes às minhas orações.

Em nome de Jesus, amém.

---

### *Poder da Palavra*

*Porque os olhos do Senhor estão sobre os justos e os seus ouvidos estão atentos à sua oração, mas o rosto do Senhor volta-se contra os que praticam o mal.*
1PEDRO 3.12

*Em alta voz clamo ao SENHOR; elevo a minha voz ao SENHOR, suplicando misericórdia. Derramo diante dele o meu lamento; a ele apresento a minha angústia.*
SALMOS 142.1-2

*Se vocês tiverem fé e não duvidarem, poderão [...]
dizer a este monte: "Levante-se e atire-se
no mar", e assim será feito.*
MATEUS 21.21

*Dediquem-se à oração, estejam
alertas e sejam agradecidos.*
COLOSSENSES 4.2

*Na sua aflição, clamaram ao SENHOR, e ele os
salvou da tribulação em que se encontravam.*
SALMOS 107.19

CAPÍTULO 7

## Viva a liberdade de Deus

Descobrir a liberdade que Deus tem para você significa se afastar de qualquer coisa que a separe do Senhor. É se desvencilhar de tudo que a impede de se tornar quem você foi criada para ser. Também representa se soltar de tudo que atrapalha seu acesso àquilo que Deus planejou para sua vida.

Viver em liberdade envolve receber livramento de coisas como ansiedade, medo, vícios, depressão, comportamento obsessivo, atitudes ruins, armadilhas e consequências do pecado. Estamos todos trilhando um caminho estreito, rodeado de armadilhas perigosas nas quais podemos cair. É possível ser enganado e sair do rumo se acreditarmos nas mentiras que o inimigo lança pelo caminho. Caso isso aconteça, acabamos convivendo com coisas das quais Deus quer que nos separemos. Às vezes, carregamos determinados hábitos, pensamentos e sentimentos por tanto tempo que aceitamos que eles formam o que *nós* somos. Pensamos: "É desse jeito que sou" ou "Assim é a vida". Não percebemos que são coisas das quais podemos nos libertar.

Deus quer nos transformar de dentro para fora. É por isso que Jesus veio para ser o Libertador. Ele veio derrotar o mal, do qual deseja livrar todo aquele que o aceitar como Salvador.

### O QUE É LIBERTAÇÃO?

*Libertação é se desembaraçar de tudo aquilo que controla sua vida e não provém de Deus.* Se existe algo em sua vida que a controla — como uma desordem alimentar, vícios de qualquer tipo, comportamento compulsivo, medo ou emoções negativas controladoras — é fundamental se livrar disso, porque a impede de receber tudo que Deus deseja para você. (Leia mais sobre esse assunto no capítulo 19).

*A libertação permite que você se torne quem de fato é; não a transforma em alguém diferente.* Quem recebe a libertação do Senhor não diz: "Não sei mais quem eu sou". Em vez disso, exclama: "Agora sei quem sou de verdade!". Você não se perde; pelo contrário, se *acha*. E gosta daquilo que encontra. Deus a fez para ser algo bom, porque deseja que você se torne mais semelhante a ele, e *ele* é bom.

*A libertação nos emancipa de qualquer coisa negativa do passado que ainda influencie nossa vida.* Se lembranças do passado exercem um efeito negativo em sua vida hoje, você precisa se desembaraçar delas. Até mesmo de uma palavra cruel e insensível dita ontem que a faça se sentir mal hoje. Deus quer libertá-la de qualquer coisa que a impeça de alcançar tudo que ele planejou para você.

*A libertação era parte regular do ministério de Jesus.* Quando Jesus disse: "Tudo é possível àquele que crê" (Mc 9.23), ele se referia especificamente à libertação de espíritos malignos. Mas liberdade não se limita a isso. Muitas vezes, precisamos ser libertas dos próprios maus hábitos de pensamento e ação. Se não houvesse necessidade de libertação, porque Jesus viria como Libertador? E por que ele teria libertado tantas pessoas e dito a outras que seriam capazes de fazer o mesmo ou coisas ainda maiores?

*A libertação ocorre de várias maneiras.* Você pode encontrar libertação e liberdade na oração. Também pode descobri-la na presença de Deus quando está adorando. A libertação pode vir durante a leitura da Bíblia, quando Deus lhe abre os olhos para a verdade dele sobre sua situação. Pode ocorrer quando alguém ora por você. Também é possível que se manifeste durante ou após um período de jejum e oração.

Fui liberta da depressão e da ansiedade depois de jejuar por três dias e de outros orarem por mim. Tenho vivenciado libertação do medo após ler a Palavra de Deus todas as vezes que me sinto temerosa. Experimento liberdade de padrões obsessivos de pensamento, emoções negativas e atitudes ruins em períodos de adoração e louvor. Já fui liberta de maus hábitos alimentares envolvendo uma preocupação com alimentos específicos — o açúcar, por exemplo, que é como um veneno para mim — enquanto eu jejuava e orava. Já fui liberta da tentação, algo que eu sabia ser uma armadilha do inimigo para mim, ao entrar em meu cantinho de oração e me prostrar no chão perante o Senhor, pedindo que ele quebrasse aquela flecha do inferno.

## Como encontrar liberdade?

*É importante lembrar que, muito embora não estejamos escolhendo especificamente o caminho do inimigo, ainda podemos acabar nele se não optarmos de maneira deliberada e intencional pela vontade de Deus.*

Por isso, para encontrar liberdade, você precisa escolher confessar cada pecado, orar sobre cada tentação e rejeitar todas elas, levar as preocupações ao Senhor *antes* que elas saiam do controle e pedir a Deus que a livre de toda fortaleza que o inimigo tenta construir em sua vida. Peça ao Senhor que purifique você com o fluir do Espírito Santo, para que não haja poluição alguma em sua mente e alma. Peça a ele que lhe ajude a permanecer na perfeita vontade divina em tudo que fizer.

Com muita frequência, vivemos com coisas que não deveriam nos acompanhar. Quando você tem dificuldade de controlar a raiva, ou maus hábitos que não logra romper, quando não consegue parar de pensar em algo negativo que aconteceu ou em algo que você *teme* que aconteça, precisa se aproximar de Deus e pedir a ele que a liberte. Se não é capaz de perdoar alguém, sente-se distante do Senhor, não é apta a tomar decisões ou acha difícil demais fazer coisas construtivas, você necessita de libertação. Não viva nessas condições, pois Jesus pagou o preço para que você ficasse livre delas. Escolha fazer o que for necessário para se libertar.

### Escolha obedecer às leis de Deus

Você pode sofrer com o fardo do cativeiro caso se permita viver em contínua desobediência a Deus. A escolha por viver nos caminhos do Senhor pode libertá-la.

### Escolha ter um coração limpo

Durante momentos de grande decepção, tragédia ou trauma, quando emoções negativas como a raiva, o médio, o ódio ou a falta de perdão permanecem sem ser confessadas, seu coração pode ser controlado por sentimentos que não fazem parte da vontade de Deus para sua vida. Leve tudo ao Senhor e peça a ele que liberte você.

### Escolha clamar ao Senhor por liberdade

Deus sempre está esperando que nos acheguemos a ele, para nos desatar de qualquer coisa que nos impeça de ser mais semelhantes a ele. Aos filhos de Israel em cativeiro no Egito, o Senhor disse que viu a opressão, escutou seu clamor, sabia do sofrimento que enfrentavam e por isso desceu para livrá-los (Êx 3.7-8). Ele fará o mesmo por você.

### Escolha louvar a Deus por quem ele é e pelo que fez

Uma das maneiras de encontrar liberdade e libertação é louvar ao Senhor em meio à nossa prisão. Quando o apóstolo Paulo estava preso, ele não ficou murmurando e reclamando. Em vez disso, orou e elevou louvores a Deus. "Por volta da meia-noite, Paulo e Silas estavam orando e cantando hinos a Deus; os outros presos os ouviam. De repente, houve um terremoto tão violento que os alicerces da prisão foram abalados. Imediatamente todas as portas se abriram, e as correntes de todos se soltaram" (At 16.25-26). O louvor abriu as portas da prisão e quebrou as correntes que atavam os prisioneiros. O louvor pode fazer o mesmo por você hoje. Ele invoca a presença de Deus, na qual sempre encontramos liberdade.

*Escolha ter uma fé que derruba fortalezas*
Ter fé em Deus e em sua Palavra traz poder suficiente para derrubar as fortalezas em sua vida. "Clamaram a ti, e foram libertos; em ti confiaram, e não se decepcionaram" (Sl 22.5). Você pode ser liberta simplesmente ao permanecer firme na fé na Palavra de Deus.

Se existe algo em sua vida do qual você gostaria de se desprender, lembre-se de que o poder de Deus, o poder do Espírito Santo em você, é maior do que qualquer coisa que esteja enfrentando. "Aquele que está em vocês é maior do que aquele que está no mundo" (1Jo 4.4). O poder do Senhor é muito maior que o do inimigo. Encare a situação contra a qual está lutando e diga: "Não serei controlada por isso porque Deus está no controle de minha vida; eu me submeto e me entrego a ele".

Não desanime caso sinta que nunca conseguirá se livrar por completo de algo. A liberdade costuma ser um processo. Talvez haja muitas camadas para vencer. Quer você necessite de um novo nível de liberdade, quer de libertação de algo antigo que insiste em vir à tona, a Bíblia diz que Deus continua a livrá-la, contanto que seu coração esteja aberto à atuação dele em sua vida (2Co 1.10).

Se Deus não desiste de você, você também não deveria fazê-lo.

## *Poder da oração*

Senhor, eu te agradeço por seres "minha fortaleza, a minha torre de proteção e o meu libertador, [...] o meu escudo, aquele em quem me refugio" (Sl 144.2). Obrigada porque "me livraste da morte e os meus pés de tropeçarem, para que eu ande diante de Deus" (Sl 56.13).

Senhor, mostra-me qualquer coisa da qual preciso ser liberta. Revela-me aquilo que não consigo ver. Não quero arrastar algo cujo preço da libertação já foi pago por ti. Peço que me livres "de toda obra maligna e me [leves] a salvo para o teu Reino" (2Tm 4.18). Tira-me "da terra da escravidão" (Êx 20.2). "Não fiques longe de mim, ó Deus; ó meu Deus, apressa-te em ajudar-me" (Sl 71.12). "Tu és o meu socorro e o meu libertador; meu Deus, não te demores!" (Sl 40.17; grifo da autora).

Vejo que são poderosas as forças que se levantam contra aqueles que creem em ti, mas sei que és muito mais poderoso do que elas. Clamo para que nos libertes do inimigo que tenta nos prender em cativeiro. Agradeço porque respondes, dando-nos liberdade (Sl 118.5). Obrigada porque nunca desistes de nós, mas continuas a nos libertar (2Co 1.9-10).

Obrigada, Senhor, por me livrares de todo mal e por permaneceres comigo nas tribulações. A ti seja a glória para sempre e sempre.

Em nome de Jesus, amém.

---
### Poder da Palavra
---

*Tu és o meu abrigo; tu me preservarás das angústias
e me cercarás de canções de livramento.*
SALMOS 32.7

*Foi para a liberdade que Cristo nos libertou.
Portanto, permaneçam firmes e não se deixem submeter
novamente a um jugo de escravidão.*
GÁLATAS 5.1

*Os justos clamam, o SENHOR os ouve
e os livra de todas as suas tribulações.*
SALMOS 34.17

*De fato, já tínhamos sobre nós a sentença de morte, para
que não confiássemos em nós mesmos, mas em Deus,
que ressuscita os mortos. Ele nos livrou e continuará nos
livrando de tal perigo de morte. Nele temos colocado a
nossa esperança de que continuará a livrar-nos.*
2CORÍNTIOS 1.9-10

*Ele clamará a mim, e eu lhe darei resposta,
e na adversidade estarei com ele; vou livrá-lo
e cobri-lo de honra. Vida longa eu lhe darei,
e lhe mostrarei a minha salvação.*
SALMOS 91.15-16

CAPÍTULO 8

## Busque o reino de Deus e seus dons

Um reino é o lugar governado por um rei. O reino de Deus é onde o rei Jesus governa.

No reino de Deus, a vida triunfa sobre a morte, o reino de luz domina o reino das trevas, os poderes satânicos de enfermidade e destruição são subjugados pelo governo divino.

Quando Jesus foi crucificado e ressuscitou, ele quebrou todo o poder do inferno e estabeleceu o governo de Deus na Terra. E agora, além de ter vida com ele por toda a eternidade, também recebemos mais vida *nesta* vida. Sempre que o reino de Deus é firmado, o inimigo não pode nos manter reféns.

Quando João Batista pregou: "Arrependam-se, pois o Reino dos céus está próximo" (Mt 3.2), ele se referia a Jesus, o Rei de tudo, que viera à Terra para subjugar as forças do inferno e derrotar o poder do mal. Jesus era o Messias esperado, o Libertador e Salvador, que chegara trazendo esperança, poder e vida eterna a todo aquele que o recebesse. O reino dos céus estava próximo porque o rei se encontrava ali.

Cristo declarou: "O Reino de Deus está entre vocês" (Lc 17.21). Trata-se de um reino espiritual. Jesus afirmou que seu reino não é deste mundo (Jo 18.36). Ele vem do Senhor, que está no céu. Cristo também declarou: "É mais fácil passar um camelo pelo fundo de uma agulha do que um rico entrar no Reino de Deus" (Mt 19.24). Isso significa que não é possível colocar a riqueza material deste mundo acima do Senhor e ainda esperar entrar em seu reino. Jesus é o rei do reino de Deus. O inimigo governa no reino terreno do dinheiro e do materialismo.

Quando Cristo ensinou seus discípulos a orar, uma das coisas que ele disse foi: "*Venha o teu Reino*; seja feita a tua vontade, assim na terra como no céu" (Mt 6.10; grifo da autora). Quando oramos "Venha o teu reino", pedimos a Deus que estabeleça seu governo dentro de nós, para que nos submetamos inteiramente a ele. Também pedimos que estabeleça seu reino onde quer que estejamos. A consequência, então, é que a vontade do Senhor se realiza na Terra da mesma maneira que é feita sem questionamento no céu.

O reino de Deus domina onde quer que nós, aqueles que creem em Jesus, declaramos seu governo. Jesus disse que o maior no reino dos céus é humilde (Mt 18.1-4). (As expressões "reino de Deus" e "reino dos céus" são sinônimas.) Isso significa que devemos ser esperançosas, receptivas ao ensino, desprovidas de toda arrogância e submissas à vontade do Senhor. Cristo declarou: "Digo-lhes a verdade: Quem não receber o Reino de Deus como uma criança, nunca entrará nele" (Mc 10.15).

Buscar o reino de Deus significa nos achegar com humildade diante do Senhor, cientes de que não podemos viver sem ele, numa declaração de que dependemos dele para tudo. A Bíblia diz que Deus "concede graça aos humildes" (Tg 4.6). Jesus afirmou: "Bem-aventurados os pobres em espírito, pois deles é o Reino dos céus" (Mt 5.3). Isaías disse: "Ele fortalece o cansado e dá grande vigor ao que está sem forças" (Is 40.29). A exigência de depender humildemente de Deus é ressaltada vez após vez.

O orgulho é o pior pecado porque leva à rebelião contra o Senhor. Foi o orgulho que levou Satanás a se levantar em rebeldia contra Deus, e isso provocou sua queda. Todo aquele que se torna orgulhoso acredita que pode conduzir melhor a própria vida sem a ajuda de Deus. Os humildes, em contrapartida, reconhecem que tudo aquilo de que necessitam na vida provém do Senhor. Somente aqueles que *sabem* que precisam de Deus vivenciarão seu reino. Jesus disse que para ser grande no reino de Deus é preciso servir aos outros (Lc 22.26). Isso também requer humildade.

### É NO REINO DE DEUS QUE OS DONS DIVINOS SÃO ENCONTRADOS

No reino de Deus há muitos dons. A Bíblia diz que todo dom perfeito vem do Pai das luzes (Tg 1.17). Para receber esses dons, precisamos primeiro buscar ao Senhor e seu reino. Necessitamos compreender o que são os dons divinos e ficar abertas para recebê-los. Deus quer que valorizemos seus dons a ponto de buscá-los. Jesus disse: "Se vocês, apesar de serem maus, sabem dar boas coisas aos seus filhos, quanto mais o Pai de vocês, que está nos céus, dará coisas boas aos que lhe pedirem!" (Mt 7.11).

Deus tem muitos dons, como o dom da salvação, do Espírito Santo, seu poder, sua paz e uma mente sã (todos esses elementos serão abordados em outros capítulos). Dois dos dons mais importantes, dos quais muitas vezes nos esquecemos, são o *amor* e a *graça* de Deus. Precisamos nos lembrar de receber esses dons todos os dias. Sem eles, a vida não dá certo.

### O DOM DO AMOR DE DEUS

Um dos maiores dons de Deus é seu amor. Não conseguimos viver com êxito sem ele.

A primeira coisa a me atrair ao Senhor foi seu amor, algo que senti nos cristãos que conhecia. Quando descobri que Deus nos amou mesmo antes de nós o conhecermos, meu coração se comoveu. Ao perceber que ele nos aceita como somos, mas nos ama demais para nos deixar desse jeito, fui convencida. A Bíblia diz: "Muitas são as dores dos ímpios, mas a bondade do Senhor protege quem nele confia" (Sl 32.10).

O amor de Deus não é um mero sentimento ou uma simples emoção. Trata-se de seu Espírito em nós. Quando aceitamos Jesus, recebemos o amor divino e nada é capaz de mudar isso. A Bíblia declara que não existe nada "capaz de nos separar do amor de Deus que está em Cristo Jesus, nosso Senhor" (Rm 8.39). Quanto mais você convida o Senhor a derramar o amor dele em seu coração, mais esse amor fluirá através de você em proporções maiores, e transbordará para os outros.

## O DOM DA GRAÇA DIVINA

Não é possível aceitar o Senhor sem que o dom da graça divina seja estendido a nós (Ef 2.8). A graça se manifesta quando Deus não nos dá o castigo que merecemos, concedendo, em vez disso, coisas boas que *não* merecemos. Quando sabemos que não temos algo e não podemos consegui-lo por conta própria, e o Senhor nos dá, isso é sua graça.

Deus "concede graça aos humildes" (Pv 3.34). Isso mostra que as coisas boas que nos acontecem não dependem de nossos esforços, mas de nossa humildade em aceitar a misericórdia e a graça divinas (Rm 9.16). A graça se evidencia quando o Senhor retira nossa fraqueza e manifesta sua força em nós (2Co 12.9). É assim que a graça nos basta. É ela que faz as coisas, não nós.

Jesus disse que não nos preocupássemos, porque Deus já sabe daquilo que necessitamos. Mas ele não nos orientou a deixar de orar sobre essas coisas. Ele nos instruiu a *buscar primeiro o reino de Deus*, ou seja, seu domínio sobre nossa vida, e *buscar sua justiça* também.

> Não se preocupem, dizendo: "Que vamos comer?" ou "Que vamos beber?" ou "Que vamos vestir?" Pois os pagãos é que correm atrás dessas coisas; mas o Pai celestial sabe que vocês precisam delas. Busquem, pois, em primeiro lugar o Reino de Deus e a sua justiça, e todas essas coisas lhes serão acrescentadas. Portanto, não se preocupem com o amanhã, pois o amanhã trará as suas próprias preocupações. Basta a cada dia o seu próprio mal.
> MATEUS 6.31-34

Se desejamos viver com liberdade, plenitude e sucesso verdadeiro, isto é, ter tudo de que precisamos, devemos buscar o governo do reino de Deus em nossa vida acima de todas as outras coisas.

### Poder da oração

Senhor, apresento-me humildemente diante de ti para buscar teu reino e teu domínio em meu coração e em minha vida, acima de todas as coisas. Que teu reino seja estabelecido onde quer que eu vá e em tudo que fizer. Faze-me um vaso puro para que teu poder se expanda e proclame o domínio do Rei Jesus onde quer que me deres influência para fazê-lo.

Obrigada, Senhor, pelos muitos dons que me dás. Agradeço pelos dons de salvação, justificação, justiça, vida eterna e graça. Obrigada pelos dons do amor, da paz e da alegria. Sou grata porque eles nunca falharão em minha vida, pois és meu Pai eterno e tu nunca falharás. Teu amor inabalável é um grande consolo para mim (Sl 119.76). Obrigada porque nada pode me separar de teu amor (Rm 8.35-39).

Agradeço-te porque a graça que me dás é muito superior ao que mereço. Obrigada, Jesus, por assumires a consequência do meu pecado. Obrigada, Deus, por me dares a mente de Cristo, tua sabedoria e teu conhecimento da verdade. Peço-te que me ensines todos os "mistérios do Reino dos céus" (Mt 13.11).

Ajuda-me a buscar teu reino todos os dias e a viver com os dons que me deste. "Porque teu é o Reino, o poder e a glória para sempre" (Mt 6.13).

Em nome de Jesus, amém.

### Poder da Palavra

*Em resposta, Jesus declarou: "Digo-lhe
a verdade: Ninguém pode ver o Reino de Deus,
se não nascer de novo".*
JOÃO 3.3

*Não tenham medo, pequeno rebanho,
pois foi do agrado do Pai dar-lhes o Reino.*
LUCAS 12.32

*E a cada um de nós foi concedida a graça,
conforme a medida repartida por Cristo.*
EFÉSIOS 4.7

*Nós, porém, não recebemos o espírito do mundo,
mas o Espírito procedente de Deus, para que entendamos
as coisas que Deus nos tem dado gratuitamente.*
1CORÍNTIOS 2.12

*Ora, as obras da carne são manifestas: imoralidade
sexual, impureza e libertinagem; idolatria e feitiçaria;
ódio, discórdia, ciúmes, ira, egoísmo, dissensões, facções
e inveja; embriaguez, orgias e coisas semelhantes. Eu os
advirto, como antes já os adverti: Aqueles que praticam
essas coisas não herdarão o Reino de Deus.*
GÁLATAS 5.19-21

CAPÍTULO 9

## *Conserve o coração puro*

Todas nós temos tendência a problemas no coração. Estou me referindo ao coração espiritual, mas imagino que o coração físico seja muito mais afetado pelo espiritual do que sabemos. Todas conseguimos identificar momentos no passado em que o estado de nosso coração, bom ou ruim, afetou o que sentimos no corpo. Quantas de nós já ficaram doentes por causa de uma angústia no coração? Quantas não ficaram prostradas em uma ocasião ou outra porque o coração, de alguma forma, estava partido?

Nosso coração se parte quando alguém nos desaponta, é mau conosco, diz coisas que nos magoam, ou nos deixa — seja pela morte ou pela decisão pessoal de partir. O coração pode se encher de sentimentos destrutivos, como a raiva, o ódio, a falta de perdão, a amargura, o egoísmo ou o ressentimento. Ele pode ser poluído por aquilo que vemos, lemos ou assistimos. É afetado de forma negativa quando nos afastamos dos caminhos de Deus nas escolhas de nosso estilo de vida.

Nossa mente pode ser maculada simplesmente por viver neste mundo e deixar que ele imprima sua marca em nós. Quantas vezes ficamos chocadas por ouvir blasfêmias em programas de televisão ou filmes que são classificados como "livres para todos os públicos"? Nos últimos tempos, assisti ao *trailer* de um filme para crianças que tomou o nome do Senhor em vão várias vezes. E por qual motivo? Para lucrar mais, com certeza. Mas esse tipo de coisa polui as mentes pequeninas e abre caminho para que os corações jovens se endureçam em relação às coisas de Deus.

Não me sujeito a essas coisas porque não quero que meu coração se endureça, que minha mente se polua e que o Espírito Santo dentro de mim fique triste. Sim, sou uma pessoa adulta e sei discernir entre o bem e o mal. É por isso mesmo que tomo a decisão madura de me afastar de tudo que não glorifica o Senhor. Há um preço a ser pago quando *não* fazemos isso, e não vale a pena pagá-lo.

Não podemos ter a expectativa de que Deus faça nossa vida dar certo se fazemos coisas que impedem sua atuação em nós.

A vida funciona melhor quando o clamor constante de nosso coração é parecido com o do rei Davi, que disse: "Sonda-me, ó Deus, e conhece o meu coração; prova-me, e conhece as minhas inquietações. Vê se em minha conduta algo que te ofende, e dirige-me pelo caminho eterno" (Sl 139.23-24). Seu desejo era que o Senhor revelasse qualquer coisa em seu coração e em sua mente que fosse profana. Davi queria viver nos caminhos de Deus e sabia que ter um coração puro era a chave para isso.

Ele também orou: "Cria em mim um coração puro, ó Deus, e renova dentro de mim um espírito estável" (Sl 51.10). O grande medo de Davi, que é a minha preocupação também, é expresso no versículo seguinte: "Não me expulses da tua presença, nem tires de mim o teu Santo Espírito" (Sl 51.11). Ele desejava que seu coração fosse purificado e renovado porque não queria passar pela experiência de ter o Espírito Santo retirado de seu interior. Davi vira o que havia acontecido ao rei Saul, que o antecedeu no trono, por causa dos pecados que este cometera. O salmista também fizera algumas coisas terríveis, e sua vida se partiu em pedaços. Mas, diferentemente de Saul, Davi se arrependeu de tudo e procurou ter um coração puro diante de Deus mais uma vez.

Uma vez que Jesus veio e concedeu o Espírito Santo àqueles que o aceitam, o Espírito não nos deixa, a menos que o rejeitemos de maneira deliberada. Todavia, podemos perder um pouco da plenitude da presença do Espírito Santo em nossa vida se cultivarmos impureza em nosso coração. Sei que o Espírito Santo nunca me deixará, pois eu nunca o deixarei, mas não quero fazer nada que impeça a manifestação plena de sua presença em minha vida.

Deus quer que seu coração seja brando, não duro; humilde, não cheio de orgulho (Pv 21.4). O Senhor deseja que seu coração seja puro para que você possa vê-lo e enxergar a bondade dele em sua vida (Sl 73.1). Deus lhe deu coração e espírito novos quando você aceitou Jesus (Ez 36.26). Agora ele quer que seu coração seja irrepreensível em santidade diante dele (1Ts 3.13).

### Como conservar o coração puro?

Em primeiro lugar, perceba que não é capaz de esconder nem um pensamento sequer de Deus. "'Poderá alguém esconder-se sem que eu o veja?', pergunta o Senhor. 'Não sou eu aquele que enche os céus e a terra?', pergunta o Senhor" (Jr 23.24). Deus vê e sabe de todas as coisas.

Segundo, saiba que você não consegue tornar seu coração tão puro e limpo quanto Deus deseja. "Quem poderá dizer: 'Purifiquei o coração; estou livre do meu pecado'?" (Pv 20.9). Você precisa pedir ao Senhor que lhe dê um coração limpo e que lhe mostre os passos que deve dar. A Bíblia diz: "Do homem são as preparações do coração" (Pv 16.1, RC). Mas como preparar seu coração? A seguir se encontram algumas sugestões práticas que a ajudarão a fazer isso.

### *Peça a Deus que revele o estado de seu coração*

Deus sabe — e está desejoso de lhe mostrar — o que verdadeiramente se passa em seu coração. Quando você pedir que o Senhor lhe mostre, ele o fará (1Co 4.5). Peça a Deus que revele qualquer orgulho que você tenha. Não queira passar pelos problemas que esse sentimento traz (Pv 13.10). Ele é o motivo de muitas das nossas dificuldades mais sérias.

### Permaneça na Palavra de Deus

A Palavra de Deus é caracterizada como "viva", "eficaz", "mais afiada que qualquer espada de dois gumes" e capaz de julgar "os pensamentos e intenções do coração" (Hb 4.12). Isso significa que, ao ler a Bíblia, aquilo que se passa em seu coração é revelado. O Senhor deseja "um coração quebrantado e contrito" (Sl 51.17). Ele não quer que nosso coração se endureça contra ele de maneira alguma.

Endurecemos o coração sempre que nos recusamos a ouvir aquilo que Deus nos diz quando estamos a sós com ele em oração e no estudo da Palavra. "Se hoje vocês ouvirem a sua voz, não endureçam o coração" (Hb 4.7). Endurecemos o coração quando enxergamos com clareza, em sua Palavra, aquilo que devemos fazer e não fazemos. "Quem insiste no erro depois de muita repreensão, será destruído, sem aviso e irremediavelmente" (Pv 29.1).

Nosso coração é duro quando resistimos à Palavra de Deus de qualquer maneira. Jesus havia acabado de operar um milagre na frente de seus discípulos ao usar cinco pães e dois peixes para alimentar cinco mil pessoas. Ainda assim, eles não conseguiram compreender que o poder de Cristo também se aplicava às necessidades deles. A Bíblia diz que "não tinham entendido o milagre dos pães" porque "o coração deles estava endurecido" (Mc 6.52).

Se os discípulos, que estavam *com* Jesus todos os dias e testemunhavam seus muitos milagres, tinham um coração endurecido, quais são as chances de *nosso* coração estar endurecido também? Peça a Deus que abrande seu coração todas as vezes que ler a Palavra.

### Livre-se de todo pecado em sua vida

O pecado é enganoso. Ele diz que não há problema em você fazer o que está fazendo. Ele incita: "Não é tão ruim assim. Além do mais, todo mundo faz isso"; "É *sua* vida e você pode fazer o que quiser". O pecado em sua vida revela onde está sua lealdade. Deus está em busca de pessoas fiéis "para fortalecer aqueles que lhe dedicam totalmente o coração" (2Cr 16.9).

Não permita se tornar "endurecido pelo engano do pecado" (Hb 3.13). Se você permitir que algum pecado habite em seu coração, Deus não ouvirá suas orações (Sl 66.18). O pecado tira sua alegria (Sl 51). Ele é semelhante a um câncer que cresce em silêncio e, quando é descoberto, o estrago já está feito.

### Vigie seu coração com toda diligência

Não se pode confiar no coração. É por isso que é necessário vigiá-lo de perto (Pv 4.23). Você não pode presumir que coisas ruins jamais encontrarão abrigo ali. Faça um esforço especial para encher seu coração com bons tesouros. "O homem bom do seu bom tesouro tira coisas boas" (Mt 12.35).

Além de encher seu coração da Palavra de Deus, conforme já mencionado, preencha-o também com adoração e louvor. Isso a levará a encontrar bons tesouros dentro dele. Davi disse: "A ti, Senhor, cantarei louvores! Seguirei o caminho da integridade [...]. Em minha casa viverei de coração íntegro" (Sl 101.1-2).

Ele continua, declarando algo que é a chave para conservar o coração puro: "Repudiarei todo mal. Odeio a conduta dos infiéis; jamais me dominará! Longe estou dos perversos de coração; não quero envolver-me com o mal" (Sl 101.3-4). Em outras palavras, Davi não permitiria que seus olhos fitassem o mal, não toleraria transgressões às leis de Deus, não deixaria que nada de perverso habitasse em seu coração e recusaria toda impiedade.

Essa é uma lição para todas nós que desejamos conservar o coração puro diante de Deus.

### Poder da oração

Senhor, cria em mim um coração puro. Liberta-me de tudo que não vem de ti. Purifica meu coração de todo pecado e dirige-o para teus caminhos (Sl 119.36). Ajuda-me a esconder tua Palavra em meu coração para não pecar contra ti (Sl 119.11).

Conserva-me sempre deslumbrada por tua Palavra (Sl 119.161). Não quero que o pecado em meu coração atrapalhe minhas orações de chegarem a ti (Sl 66.18). Ajuda-me a não ser enganada (Dt 11.16) e a não confiar tolamente em meu coração, mas, sim, na revelação que me darás aquilo que preciso ver (Pv 28.26). Dá-me um coração sábio para aceitar todos os teus mandamentos (Pv 10.8).

Espírito Santo, alinha meu coração com o teu. Elimina de meu coração tudo aquilo que é sombrio e errado, substituindo essas coisas por mais de ti. Sonda meu coração e faze as mudanças que forem necessárias. Abranda meu coração nas áreas em que esteja endurecido. Purifica os aspectos de meu coração que se poluíram. Auxilia-me a não colocar nada de perverso diante de meus olhos.

Senhor, peço que tires de meu coração aquilo que me impede de participar plenamente de tua santidade (Hb 12.10). Ajuda-me a louvá-lo de todo o coração e a não esconder nada de ti (Sl 9.1). Ensina-me a conservar sempre um coração puro diante de ti.

Em nome de Jesus, amém.

───────── *Poder da Palavra* ─────────

*Bem-aventurados os puros de coração,
pois verão a Deus.*
MATEUS 5.8

*Se eu acalentasse o pecado no coração,
o SENHOR não me ouviria.*
SALMOS 66.18

*Por isso, tenham cuidado para não serem
enganados e levados a desviar-se para adorar outros
deuses e a prostrar-se perante eles.*
DEUTERONÔMIO 11.16

*Quem confia em si mesmo é insensato, mas quem
anda segundo a sabedoria não corre perigo.*
Provérbios 28.26

*Acima de tudo, guarde o seu coração,
pois dele depende toda a sua vida.*
Provérbios 4.23

CAPÍTULO 10

## Viva no perdão de Deus e para com o próximo

A fim de desfrutar a liberdade, a plenitude e o sucesso verdadeiro que Deus planejou para você, o perdão precisa fluir como água em seu coração. Se abrigar a falta de perdão, interromperá o fluxo do Espírito dentro de você. Até mesmo suas orações podem deixar de ser atendidas (Sl 66.18).

Somos instruídas a perdoar *antes* mesmo de orar. Jesus disse: "E quando estiverem orando, se tiverem alguma coisa contra alguém, perdoem-no, para que também o Pai celestial lhes perdoe os seus pecados" (Mc 11.25). Deus retém o perdão a nós enquanto nos recusamos a perdoar os outros.

Isso é sério.

Se não perdoarmos, além de ficar com o ressentimento corroendo a mente e o coração, não poderemos desfrutar o completo perdão de Deus, motivo por si só de pressão intensa sobre nossa consciência. Perdemos toda a paz. Não vale a pena nos apegarmos a uns poucos momentos de vingança interna.

Se não perdoarmos, as únicas prejudicadas seremos nós mesmas. Já escrevi isto antes, mas é válido repetir: *o perdão não justifica a outra pessoa, mas liberta você*. E a fim de ter plenitude e sucesso verdadeiro, precisamos ser livres. O perdão nos permite seguir em frente.

### Receba o perdão de Deus

Uma das melhores maneiras de se tornar uma pessoa perdoadora é compreender e aceitar o perdão de Deus. O Senhor escolheu perdoá-la e quer que você decida estender o perdão aos outros. Jesus disse: "Perdoem, e serão perdoados" (Lc 6.37). É impossível ser mais claro do que isso.

Não se confunda acerca do perdão de Deus. Quando você aceita Jesus, todos os seus pecados passados são perdoados por completo. A ficha fica limpa. Precisei voltar ao escritório de Mary Anne, depois que me tornei cristã, e confessar certos pecados do passado porque eles ainda exerciam uma força atormentadora sobre mim. Eu ainda não havia perdoado minha mãe. Embora houvesse parado com a prática do ocultismo, muitos livros sobre o assunto continuavam em minha casa. Além disso, não tinha confessado dois abortos que fizera antes de me converter e, muito embora Deus já houvesse me perdoado por tudo quando aceitei Jesus, eu ainda não conseguia me perdoar. A confissão desses pecados me ajudou a receber o perdão que o Senhor já havia estendido a mim e também quebrou as consequências do pecado que eu permitira invadir minha vida.

Lembre-se: Deus lhe concedeu um caminho para receber o pleno perdão que ele oferece, por meio da confissão e do arrependimento. Você pode dizer: "Fiz isso, Senhor, e peço que me perdoe. Detesto o que fiz e estou tão chateada que nunca mais pretendo fazer a mesma coisa de novo". No entanto, se queremos que Deus *nos* perdoe por tudo, *nós* também devemos perdoar.

*A única maneira de receber o perdão divino por nossa falta de perdão é perdoando os outros por completo.*

### Recuse-se a ficar presa à falta de perdão

Não perdoar os outros é um daqueles pecados que causa tortura a si mesmo. Pode parecer bom por um momento, mas logo começará a destruí-la. Não se permita cair nesse erro. Em vez disso, obedeça a Deus e libere as outras pessoas. Dê a elas a chance de mudar e de ser diferentes do que foram no passado. Isso não quer dizer que você deve se colocar na posição de ser magoada novamente. Pelo contrário, significa que você entrega as pessoas nas mãos de Deus e prossegue com sua vida.

Quando perdoar alguém, sentirá mais liberdade, plenitude e sucesso verdadeiro. É por isso que, quando perdoa, você entra no rio da vida, é refrigerada e purificada. Ao perdoar, você se torna mais semelhante ao Senhor. Quando não perdoa, o ressentimento toma conta de sua vida. Embora ele não elimine sua salvação, limita o que Deus pode fazer em você e por meio de você. Também a impede de se tornar tudo o que foi criada para ser.

Peça a Deus que lhe mostre qualquer pessoa que precise do seu perdão. Acredite: ao orar assim, o Senhor traz rapidamente essa pessoa à sua memória. Pode ser algo do passado distante; ou tão recente que tenha acontecido ontem. Talvez seja alguém que você não percebia que precisava perdoar, mas, quando a pessoa vier à sua mente, você entenderá o motivo. Confesse a Deus toda pessoa ou todo ato que precisa de seu perdão e peça a ele que a ajude a perdoar por completo. Recuse-se a amarrar qualquer pessoa a você pela falta de perdão. Descobri que entregar pessoas ao Senhor em oração e pedir a Deus que opere na vida delas, levando-as a se alinharem a ele, é melhor do que se vingar. O Senhor responderá à sua oração e você será liberto nesse processo.

O perdão nem sempre acontece da noite para o dia. Em geral, ele é um processo, em especial para feridas profundas e danosas. Se você perdoar alguém e no dia seguinte sentir o mesmo ressentimento, a mesma mágoa, raiva e amargura contra a pessoa, não desanime nem pense que nada mudou. Às vezes, são necessárias camadas de perdão para eliminar as camadas de ressentimento que se acumularam ao longo do tempo. Continue a orar e a pedir que Deus a ajude a perdoar por completo.

Tenha o cuidado especial de perdoar seus pais e seu cônjuge. Guardar rancor contra qualquer um deles trará tristeza e sofrimento para sua vida. Peça a Deus que lhe mostre se existe algum ressentimento nessa área. Mesmo com as melhores pessoas, nas melhores circunstâncias, ainda pode haver momentos em que será necessário perdoar.

Descobri que, se você orar pela pessoa que precisa perdoar, seu coração se abrandará em relação a ela. A verdade é que sempre passamos a amar aqueles por quem oramos. É por isso que, no processo de oração, você desenvolve o coração de Deus em relação à pessoa que a magoou.

Se precisar pedir o perdão *de* alguém, busque a orientação do Senhor sobre como se aproximar dessa pessoa e em que momento. Cubra o assunto com oração primeiro. Em seguida, proceda conforme a orientação do Espírito Santo. A decisão da pessoa em perdoá-la ou não é algo que não se pode controlar. Saiba apenas que você fez a coisa certa e pode agora seguir em frente.

A disposição de perdoar é algo que devemos manter pronto em nosso coração todos os dias. Isso não quer dizer que permitiremos que as pessoas nos machuquem ou que tenham atitudes destrutivas contra nós. Deixar que elas façam o mal não é certo. Significa, em vez disso, que decidimos não abrigar a falta de perdão em nós, nem permitir que ela se transforme em amargura. Temos o poder de tomar a decisão de não viver com ressentimento dentro do coração.

Quando confessamos a falta de perdão, resolvemos as coisas entre nós e Deus. A Bíblia diz: "Amados, se o nosso coração não nos condenar, temos confiança diante de Deus e recebemos dele tudo o que pedimos, porque obedecemos aos seus mandamentos e fazemos o que lhe agrada" (1Jo 3.21-22). Essa é uma promessa mais do que suficiente para mim. Ter a consciência limpa e uma mente confiante permitem que nos apresentemos diante do Senhor cientes de que lhe obedecemos e somos agradáveis a ele. Sabemos, então, que ele ouvirá e responderá às nossas orações. Trata-se de um incentivo grande o bastante para que eu mantenha a mente e o coração perdoadores o tempo inteiro. E quanto a você?

Saia do poço do ressentimento e entre na fonte purificadora do perdão — o perdão de Deus e para com o próximo.

## Poder da oração

Senhor, eu te agradeço por me perdoares e não te lembrares mais de meus pecados (Hb 8.12). Mostra-me qualquer coisa que eu precise confessar hoje, para levá-la a ti e ser liberta. Todas as vezes que eu me afastar de tuas leis e de teus mandamentos, convence meu coração de que errei.

Peço, de modo especial, que reveles qualquer lugar em meu coração que abrigue falta de perdão contra alguém. Não quero manter nada dentro de mim que impeça minhas orações de serem ouvidas. Não desejo viver mais com ressentimento, por nenhum motivo. Ajuda-me a ser uma pessoa perdoadora, assim como tu demonstras perdão a mim. Que eu perdoe rapidamente e não espere a outra pessoa dizer ou fazer aquilo que eu acho que ela deveria.

Mostra-me se há motivos para eu pedir que alguém me perdoe, para que a outra pessoa e eu sejamos curadas e libertas. Se magoei alguém sem perceber e existe falta de perdão no coração dessa pessoa, revela-me para que eu possa tomar as providências de reconciliação. Se fui egoísta com alguém e isso levou a pessoa a ter uma imagem pior de si mesma, capacita-me a fazer as pazes com ela.

Senhor, tira toda raiva, amargura e todo ressentimento de meu coração. Derrama teu Espírito sobre mim e purifica-me de tudo que não vem de ti. Capacita-me a ser uma pessoa que vive no perdão que me deste, para que eu também estenda perdão livremente aos outros (Ef 4.32).

Em nome de Jesus, amém.

## Poder da Palavra

*Não julguem, e vocês não serão julgados. Não condenem, e não serão condenados. Perdoem, e serão perdoados.*
Lucas 6.37

*Quem ama seu irmão permanece na luz, e nele não há causa de tropeço. Mas quem odeia seu irmão está nas*

*trevas e anda nas trevas; não sabe para
onde vai, porque as trevas o cegaram.*
1 JOÃO 2.10-11

*Sejam bondosos e compassivos uns para
com os outros, perdoando-se mutuamente,
assim como Deus os perdoou em Cristo.*
EFÉSIOS 4.32

*Portanto, se você estiver apresentando sua oferta
diante do altar e ali se lembrar de que seu irmão
tem algo contra você, deixe sua oferta ali, diante
do altar, e vá primeiro reconciliar-se com seu irmão;
depois volte e apresente sua oferta.*
MATEUS 5.23-24

*Pois se perdoarem as ofensas uns dos outros,
o Pai celestial também lhes perdoará.
Mas se não perdoarem uns aos outros, o Pai celestial
não lhes perdoará as ofensas.*
MATEUS 6.14-15

CAPÍTULO 11

## *Tema a Deus, mas não viva temerosa*

Você não precisa viver temerosa. Muito embora existam muitos motivos para ter medo neste mundo, não se deve passar a vida inteira temendo o que poderá acontecer.

Quando vemos eventos assustadores ao nosso redor, além das várias coisas corruptas e perigosas que observamos outros realizarem, pensamos: "Essas pessoas são doidas? Elas não percebem o que estão fazendo e as consequências que virão?".

A resposta a essas perguntas são: *sim*, as pessoas agem como loucas quando não têm a sabedoria divina; e, *não*, os ímpios são incapazes de avaliar as consequências do que fazem. Eles fazem coisas insensatas porque não têm percepção do que é certo. A definição de um insensato é alguém que não consegue perceber as consequências de seu comportamento. Os insensatos não temem a Deus e, por isso, não têm limites. A sabedoria e o entendimento das consequências de nossas ações provêm do temor a Deus.

*Ter o temor do Senhor significa que você possui amor e reverência tão grandes por Deus que sente medo de como seria sua vida sem ele.*

Algumas pessoas creem que Deus não existe. Outras pensam que talvez haja um Deus, mas se recusam a reconhecê-lo em sua vida porque não querem, de maneira alguma, que ele lhes diga como viver. Desejam fazer o que querem. A Bíblia diz o seguinte sobre esses indivíduos:

> Não há ninguém que entenda, ninguém que busque a Deus. Todos se desviaram, tornaram-se juntamente inúteis; não há ninguém que faça o bem, não há nem um sequer. [...] Ruína e

desgraça marcam os seus caminhos, e não conhecem o caminho da paz. Aos seus olhos é inútil temer a Deus.
ROMANOS 3.11-12,16-18

Em contraste com isso, quem tem o temor do Senhor faz justamente o contrário. Esse sentimento leva a pessoa a buscar a Deus e sua verdade, a agir de maneira correta, a promover a vida, a edificar e não a destruir, a trazer paz e a se afastar do mal.

Vivemos numa cultura que pode ser venenosa. Os caminhos do Senhor são motivo de zombaria e o pecado é glorificado. Tudo que precisamos fazer para andar para trás é ficar sem fazer nada. Não precisamos procurar o mal; ele *nos* encontra. O mal se apresenta e necessitamos escolher nos afastar dele. Precisamos controlar nossos pensamentos, aquilo que vemos e ouvimos. Temos de nos afastar da perversidade e correr em direção a Deus. Devemos pedir ao Senhor que coloque o temor divino em nosso coração para nos mantermos no caminho certo. "Farei com eles uma aliança permanente: Jamais deixarei de fazer o bem a eles, e farei com que me temam de coração, para que jamais se desviem de mim" (Jr 32.40).

Precisamos dizer: "Senhor, ajuda-me a temê-lo de coração, para que eu jamais me desvie de ti de maneira alguma".

O QUE ACONTECE QUANDO VOCÊ TEM O TEMOR DO SENHOR?
*Deus provê um lugar de refúgio que lança fora o medo humano.*
"Aquele que teme ao Senhor possui uma fortaleza segura, refúgio para os seus filhos" (Pv 14.26).

*Deus lhe concede os desejos de seu coração.*
"Ele realiza os desejos daqueles que o temem; ouve-os gritar por socorro e os salva" (Sl 145.19).

*Deus abençoa sua vida e a de seus filhos em todos os aspectos.*
"Aleluia! Como é feliz o homem que teme o Senhor e tem grande prazer em seus mandamentos! Seus descendentes serão poderosos na terra, serão uma geração abençoada,

de homens íntegros. Grande riqueza há em sua casa, e a sua justiça dura para sempre" (Sl 112.1-3).

*Deus lhe dá uma vida repleta de realização e paz.*
"O temor do Senhor conduz à vida: quem o teme pode descansar em paz, livre de problemas" (Pv 19.23).

*Deus a ajuda a viver nos caminhos dele.*
"Como é feliz quem teme ao Senhor, quem anda em seus caminhos!" (Sl 128.1).

*Deus a livra de seus inimigos.*
"Antes, adorem o Senhor, o seu Deus; ele os livrará das mãos de todos os seus inimigos" (2Rs 17.39).

*Deus a protege.*
"Mas o Senhor protege aqueles que o temem, e os que firmam a esperança no seu amor" (Sl 33.18).

*Deus a ajuda a se afastar do mal.*
"Com amor e fidelidade se faz expiação pelo pecado; com o temor do Senhor o homem evita o mal" (Pv 16.6).

*Deus revela tudo que você precisa saber.*
"O Senhor confia os seus segredos aos que o temem, e os leva a conhecer a sua aliança" (Sl 25.14).

*Deus lhe dá tudo que você necessita.*
"Temam o Senhor, vocês que são os seus santos, pois nada falta aos que o temem. Os leões podem passar necessidade e fome, mas os que buscam o Senhor de nada têm falta" (Sl 34.9-10).

*Deus impede que sua vida seja abreviada.*
"O temor do Senhor prolonga a vida, mas a vida do ímpio é abreviada" (Pv 10.27).

*Deus envia seu anjo para livrá-la do perigo.*
"O anjo do Senhor é sentinela ao redor daqueles que o temem, e os livra" (Sl 34.7).

Ter o temor do Senhor não significa ficar tremendo debaixo da cama, com medo de que Deus a atinja com trovões. O temor divino provém de reverência profunda e amor por Deus. É algo que *ele* coloca em nosso coração quando o procuramos, e esse sentimento abençoará e protegerá você. O temor a Deus é algo que todos devemos almejar.

O QUE A BÍBLIA FALA SOBRE O TEMOR QUE NÃO VEM DE DEUS
Há um tipo de temor que *não* desejamos. E tampouco Deus o quer para nós. Ter medo é estafante e cansativo; tira a paz, a alegria, a energia, a produtividade e a concentração de nossa vida.

A verdade, porém, é que, quando você tem o temor do Senhor, não precisa viver com medo de mais nada. Ao transformar Deus em sua referência, na fonte de sua vida, ele passa a protegê-la. Na verdade, ele diz que devemos mergulhar em seu amor, que dissolve todo medo, e confiar que ele nos manterá a salvo. Quando sentirmos medo, podemos ir a Deus que ele lançará fora esse sentimento. "Se você fizer do Altíssimo o seu abrigo, do Senhor o seu refúgio, *nenhum mal o atingirá*, desgraça alguma chegará à sua tenda" (Sl 91.9-10; grifo da autora).

O Senhor afirma que o medo não provém dele. "Porque Deus não nos deu o espírito de temor, mas de fortaleza, e de amor, e de moderação" (2Tm 1.7, RC). Paulo inclusive se refere ao medo como "o espírito de escravidão, para viverdes, outra vez, atemorizados" (Rm 8.15, RA). Ele diz que não recebemos esse tipo de medo, mas, sim, o "espírito de adoção". Fomos adotadas por nosso Pai celestial e não temos nada a temer. O espírito de temor provém do inimigo, e podemos nos libertar dele.

Não me refiro a breves momentos de medo, que logo são superados. Quando o espírito de temor toma conta de sua vida, você consegue sentir que ele a envolve como um manto gelado sobre suas costas. Ele sempre está presente, à espreita. O único método que conheço para quebrar seu domínio é se firmar na Palavra de Deus e proclamar a verdade: que Deus não lhe deu um espírito de temor, mas que lhe concedeu seu amor e poder. Ele também lhe deu uma mente sensata para você *escolher* viver no amor e no poder dele. Você pode rejeitar o espírito de temor.

Eu costumava ser dominada e praticamente paralisada pelo medo.

Quando tinha 14 anos, fui babá de uma família com seis filhos. Eles moravam três casas depois da nossa, do outro lado da rua. Ficava num lote de esquina e a parte de trás da casa deles dava para a nossa. As crianças eram muito bem-comportadas; caso contrário, eu nunca teria conseguido cuidar de todas ao mesmo tempo. Certa noite, depois que os pais haviam saído, os quatro filhos mais novos estavam deitados e eu estava sentada à mesa da copa, conversando com as duas crianças mais velhas, um menino de 8 anos e uma menina de 10. Então ouvimos o que parecia ser alguém girando a maçaneta da porta da cozinha. Nós três nos entreolhamos em silêncio, assustados, e escutamos por um momento. De repente, ouvimos claramente a fechadura ser aberta.

Nós três corremos na velocidade da luz até o quarto dos pais. Eu peguei o telefone e liguei para minha mãe. Enquanto contava para ela o que acabara de acontecer, o menino saiu do quarto, dirigiu-se até a sala e viu um homem vindo em nossa direção. O homem veio direto pelo corredor enquanto eu ainda estava no telefone. Creio que quando ele me ouviu dizer, histérica, para minha mãe vir depressa, ele se virou e saiu correndo da casa.

Enquanto eu ligava para a polícia, minha mãe andava pela calçada em direção à casa em que estávamos, mas ainda do outro lado da rua. Subitamente, ela viu o homem correndo em direção ao portão do quintal. Minha mãe ficou bem parada à sombra de uma árvore grande, para que os postes não revelassem que estava ali. Ela viu que o homem vestia só uma camisa que chegava até metade da coxa e não usava calça. Mamãe o observou caminhar alguns metros pela passagem nos fundos da casa, onde eu estava com as crianças, parar e colocar a calça que deveria ter deixado ali. Então ele saiu correndo. Ela entrou na casa pela porta aberta da cozinha e foi até onde eu permanecia escondida. Nunca fiquei tão agradecida a ela.

Dois dias depois, um homem com a mesma descrição do que entrou na casa de meus vizinhos invadiu uma casa na rua de baixo e matou um garotinho. Aquele homem havia fugido de um hospital psiquiátrico da região pouco antes de entrar no lugar onde eu estava de babá. Chorei sem parar. Ainda choro quando recordo disso hoje. Choro por lembrar quão perto do desastre estivemos. Choro por aquele garotinho e por seus pais.

Desde aquele dia, passei a ter muito medo de ficar sozinha. Era atormentada pelo temor de alguém invadir minha casa. Foi só depois de conhecer Jesus e de receber a cura proveniente do amor perfeito de Deus que o medo desapareceu. Ele não existe mais. Penso na possibilidade de passar por situações perigosas, mas elas não dominam mais minha vida. Tomo medidas de precaução e não faço nenhuma tolice que abra portas para problemas. Minha reverência pelo Senhor me deu a confiança de que ele está comigo para me proteger. Creio que ele esteve ao meu lado naquela ocasião. Muito embora não o conhecesse, eu tinha uma avó que orava por mim.

### Três coisas para lembrar sobre o medo que não provém de Deus

1. *A presença de Deus permanecerá com você, para livrá-la do medo.*

    "Mesmo quando eu andar por um vale de trevas e morte, não temerei perigo algum, pois tu estás comigo; a tua vara e o teu cajado me protegem" (Sl 23.4).

2. *As promessas de Deus lhe darão poder para rejeitar o medo.*
"Por isso não tema, pois estou com você; não tenha medo, pois sou o seu Deus. Eu o fortalecerei e o ajudarei; eu o segurarei com a minha mão direita vitoriosa" (Is 41.10).

3. *O amor de Deus lança fora o medo.*
"No amor não há medo; ao contrário o perfeito amor expulsa o medo, porque o medo supõe castigo. Aquele que tem medo não está aperfeiçoado no amor" (1Jo 4.18).

O temor de Deus em seu coração a impedirá de apresentar comportamento destrutivo. Também evitará que desobedeça às leis divinas e ao governo dele. Fará você se afastar de qualquer coisa ofensiva para entristecer o Espírito Santo, que habita em seu interior. O temor do Senhor a colocará à distância de quaisquer pensamentos, ações ou palavras insensatas. Deterá você de planejar qualquer coisa que se oponha aos caminhos de Deus. Fará sua vida dar certo, assim como foi planejada para funcionar.

Quem não precisa disso?

## *Poder da oração*

Senhor, eu te reverencio em todos os aspectos. Capacita-me a demonstrar meu amor e minha adoração por tudo que tu és. "Ensina-me o teu caminho, SENHOR, para que eu ande na tua verdade; dá-me um coração inteiramente fiel, para que eu tema o teu nome. De todo o meu coração te louvarei, SENHOR, meu Deus; glorificarei o teu nome para sempre" (Sl 86.11-12).

Levo todos meus temores a ti e peço que os afastes de mim para que eu não viva mais com medo de nada. "Tu és a minha luz e a minha salvação; de quem terei temor?" (Sl 27.1). Tu sabes que não me deste um espírito de medo, mas, sim, de amor, fortaleza e moderação. Em tua presença, todo meu medo vai embora, pois teu amor o afasta.

Ajuda-me a fazer do louvor minha primeira resposta ao medo que recair sobre mim. Não quero negar tua presença ao dar lugar para o temor em momentos de fraqueza. Aumenta minha fé, para extinguir todo medo, a fim de que eu confie em tua Palavra e em teu poder para me proteger. Tua Palavra diz que "ainda que um exército se acampe contra mim, meu coração não temerá" (Sl 27.3). Sou muito grata porque, quando clamo a ti, tu me ouves e me livras de todos os meus temores (Sl 34.4).

Sei que a reverência por ti traz vida e me mantém longe das armadilhas que conduzem à morte (Pv 14.27). Capacita-me a ter o temor a ti no coração em todos os momentos. Não quero sacrificar nenhuma das bênçãos, nem a proteção, a sabedoria, o livramento, a paz e a vida longa que tens reservado para aqueles que te temem.

Em nome de Jesus, amém.

---

### Poder da Palavra

*O temor do Senhor é fonte de vida,
e afasta das armadilhas da morte.*
PROVÉRBIOS 14.27

*Ainda que um exército se acampe contra mim,
meu coração não temerá; ainda que se declare guerra
contra mim, mesmo assim estarei confiante.*
SALMOS 27.3

*A recompensa da humildade e do temor do Senhor
são a riqueza, a honra e a vida.*
PROVÉRBIOS 22.4

*Como um pai tem compaixão de seus filhos,
assim o Senhor tem compaixão dos que o temem.*
SALMOS 103.13

*Mas o amor leal do Senhor, o seu amor eterno,
está com os que o temem, e a sua justiça com
os filhos dos seus filhos.*
SALMOS 103.17

CAPÍTULO 12

## *Substitua a dúvida pela fé inabalável*

Todos nós temos fé em algo. Se não tivéssemos fé em nada, nem sairíamos da cama pela manhã. Temos fé em chegar até a cozinha sem que o teto caia em cima de nós. Temos fé em ir a uma loja sem ser assassinadas. Temos fé no médico, confiantes de que ele não receitará algo que irá destruir nosso corpo. Temos fé no recebimento do salário quando trabalhamos. Temos fé em não sermos envenenadas ao comer em um restaurante (e eu já disse muitas vezes que alguns restaurantes exigem mais fé do que outros...). Nossa vida seria uma miséria se não tivéssemos fé em nada.

A fé é uma escolha.

A fé em Deus também é uma escolha. Escolhemos crer que Deus existe e que sua Palavra é verdadeira. Isso significa que escolhemos acreditar nas *boas-novas divinas* diante de qualquer má notícia em nossa vida. Escolhemos crer que o Senhor é capaz de fazer aquilo que promete, e escolhemos não duvidar disso, a despeito do que as circunstâncias nos revelem. Escolhemos acreditar que o poder de Deus é maior do que qualquer coisa que enfrentamos. Essas são as escolhas que precisamos fazer todos os dias.

O que *não* devemos fazer é ter fé em nossa fé. A fé não realiza nada em si mesma; é *Deus* quem faz todas as coisas. Você tem fé no Senhor quando ora e *ele* responde à sua oração. Sua fé não *faz* Deus responder à sua oração; a fé o *convida* a atuar poderosamente em sua vida.

Compreender isso é de extrema importância, porque não conseguimos chegar aonde devemos na vida sem fé em Deus.

A fé em seu poder nos capacita a ir além de tudo que poderíamos realizar sozinhas. E nos impede de tentar conseguir as coisas por nosso próprio esforço. Decidimos entre confiar apenas em nós mesmas ou em nosso Deus todo-poderoso.

Até a própria fé é um dom de Deus: "De acordo com a medida da fé que Deus lhe concedeu" (Rm 12.3). Mas precisamos desenvolvê-la. E isso acontece toda vez que lemos, falamos ou ouvimos sua Palavra. A fé aumenta na proporção em que você lê a Bíblia. "A fé vem por se ouvir a mensagem, e a mensagem é ouvida mediante a palavra de Cristo" (Rm 10.17).

## O inimigo da fé

Com certeza, o inimigo da fé é a dúvida. No entanto, podemos controlá-la. Temos a opção de rejeitar nossa dúvida. E é assim que devemos agir se quisermos que nossa vida dê certo.

Trata-se de algo que esquecemos com muita frequência.

Quando a dúvida nos sobrevém, podemos agir como se nossa única escolha fosse abrigá-la. Mas *temos* escolha. É possível recusá-la. Sempre que você duvidar da habilidade divina de proteger e prover, pode dizer deliberadamente: "Recuso-me a permitir que a dúvida encontre abrigo em minha alma". Mencione então as coisas que lhe causam dúvida. Leia a Palavra de Deus até ter provas nas Escrituras que refutam as dúvidas e fortalecem sua fé mais uma vez. Afirmo que essa é uma questão importante na busca por sucesso verdadeiro em sua vida. E não se trata de viver negando a realidade. De fato, *não* ter fé é negar a realidade — é negar o poder de Deus e de sua Palavra.

Veja a seguir uma pequena lista que exemplifica o que estou dizendo. Lembre-se de que as Escrituras não são meras palavras, elas têm *vida*. O Espírito Santo em você vivifica as palavras inspiradas da Bíblia para que, ao lê-las, elas se tornem vivas em seu coração. Analise estes poucos exemplos de como rejeitar a dúvida e colocar sua fé em Deus.

| O motivo para eu duvidar: | O motivo de Deus para eu ter fé: |
|---|---|
| "Sinto-me fraco e duvido que consigo superar o que estou enfrentando." | "Tudo posso naquele que me fortalece" (Fp 4.13). |
| "O que me aconteceu é um desastre e não vejo como conseguirei me recuperar disso." | "Sabemos que Deus age em todas as coisas para o bem daqueles que o amam, dos que foram chamados de acordo com o seu propósito" (Rm 8.28). |
| "Tenho medo do que possa acontecer." | "O perfeito amor expulsa o medo" (1Jo 4.18). |
| "Não sei se Deus responderá às minhas orações." | "O que vocês pedirem em meu nome, eu farei" (Jo 14.14). |

## A ESCOLHA É SUA

A fé é uma escolha espiritual; a dúvida, uma escolha da carne.

Seu lado carnal não está sujeito a Deus. Ele guerreia contra Deus até você tomar a decisão de manter a carne sob controle. Mas nem sempre consideramos a dúvida uma escolha. Embora seja verdade que há momentos nos quais todos duvidamos, não precisamos viver nesse estado. É possível escolher ter fé em Deus e em sua Palavra.

Simão Pedro era um dos discípulos de confiança, que ficou ao lado de Jesus o tempo inteiro e o viu operar milagres. Jesus disse a Pedro que Satanás queria testá-lo, mas que ele orou para que a fé de Simão não falhasse (Lc 22.31-32). Quanto mais nós deveríamos orar por nós mesmas!

Sempre que sentir dúvida, confesse-a a Deus como um pecado. "Tudo o que não provém da fé é pecado" (Rm 14.23). Leia nas Escrituras sobre homens e mulheres de fé. As histórias dessas pessoas a inspirarão. Abraão esperou anos para Deus cumprir a promessa de lhe conceder um filho. Durante a espera, a fé do patriarca ficou mais forte, não mais fraca. A Bíblia diz, acerca de Abraão, que ele "não duvidou nem foi incrédulo em relação à promessa de Deus, mas foi fortalecido em sua fé e deu glória a Deus" (Rm 4.20). Ore para que você tenha uma fé que não falhe, antes, que se fortaleça à medida que espera no Senhor a resposta às suas orações.

*Sentir-se fraca ou ter consciência das próprias incapacidades ou limitações não indicam falta de fé. Falta de fé é sentir que Deus é fraco com você, ou que ele tem limitações.*

Peça ao Senhor que a ajude a ser forte na fé, para fortalecer a fé de outros a seu redor que podem estar lutando nesse aspecto. Rogue a ele que lhe conceda fé suficiente para chegar aonde você necessita. Toda uma geração de israelitas não pôde entrar na terra prometida por sua falta de fé (Hb 3.19). Aprendamos com eles e não permitamos que a dúvida nos impeça de receber tudo que Deus tem para nós.

A vida não dá certo se você deposita sua fé nas coisas erradas. É impossível experimentar toda a liberdade, a plenitude e o sucesso verdadeiro que Deus tem para você sem fé nele e em sua Palavra.

## *Poder da oração*

Senhor, tu és o "autor e consumador" de minha fé (Hb 12.2). Obrigada pelo dom da fé que me deste. Aumenta minha fé todos os dias enquanto leio tua Palavra. Dá-me uma fé forte o bastante para crer nas respostas às minhas orações. Sei que não se trata de eu aumentar a fé por conta própria, mas de que a fé vem de teu Espírito e de tua Palavra.

Ajuda-me a confiar em ti de todo o coração e a não depender do próprio entendimento. Reconheço-te em todos os meus caminhos e dependo de ti para direcionar meu rumo (Pv 3.5-6). Ajuda-me a confiar em ti em todas as coisas, todos os dias. Não me deixes duvidar de ti e de tua Palavra. Sei que "tudo o que não provém da fé é pecado" (Rm 14.23), portanto confesso toda dúvida dentro de mim. Tua Palavra diz que quem é instável e tem a mente dividida não agrada a ti (Tg 1.6-8). Peço-te que me faças forte na fé que te agrada.

Senhor, tu és tudo para mim. Sei que por tua causa nunca fico sem amor, alegria, esperança, poder, proteção e provisão. Por causa de ti, posso me erguer acima de minhas limitações e viver em paz, sabendo que todas as coisas cooperam para meu bem quando vivo em teus caminhos. Ajuda-me a ler tua Palavra todos os dias. Abre meus olhos mais e mais para tua verdade. Capacita-me a reconhecer e compreender tuas promessas para mim, a fim de que todos os dias eu possa escolher rejeitar toda dúvida em minha vida.

Em nome de Jesus, amém.

───────── *Poder da Palavra* ─────────

*Sem fé é impossível agradar a Deus, pois quem dele se aproxima precisa crer que ele existe e que recompensa aqueles que o buscam.*
HEBREUS 11.6

*Peça-a, porém, com fé, sem duvidar, pois aquele que duvida é semelhante à onda do mar, levada e agitada pelo vento. Não pense tal pessoa que receberá coisa alguma do Senhor, pois tem mente dividida e é instável em tudo o que faz.*
TIAGO 1.6-8

*Tendo sido, pois, justificados pela fé, temos paz com Deus, por nosso Senhor Jesus Cristo*
ROMANOS 5.1

*Nisso vocês exultam, ainda que agora, por um pouco de tempo, devam ser entristecidos por todo tipo de provação. Assim acontece para que fique comprovado que a fé que vocês têm, muito mais valiosa do que o ouro que perece, mesmo que refinado pelo fogo, é genuína e resultará em louvor, glória e honra, quando*

*Jesus Cristo for revelado. Mesmo não o tendo visto, vocês o amam; e apesar de não o verem agora, creem nele e exultam com alegria indizível e gloriosa, pois vocês estão alcançando o alvo da sua fé, a salvação das suas almas.*
1PEDRO 1.6-9

*Fui crucificado com Cristo. Assim, já não sou eu quem vive, mas Cristo vive em mim. A vida que agora vivo no corpo, vivo-a pela fé no Filho de Deus, que me amou e se entregou por mim.*
GÁLATAS 2.20

## CAPÍTULO 13

## Aceite e cumpra a vontade de Deus

Existem duas boas maneiras de compreender a vontade de Deus para sua vida: uma é lendo a Bíblia, e a outra, orando.

A leitura diária da Palavra de Deus a ajudará a compreender qual é o querer do Senhor para sua vida *sempre*. Então, ao *fazer* o que sabe ser *sempre* o desejo divino, você lança um alicerce que a capacita a descobrir qual é a vontade específica de Deus para sua vida em particular. Por exemplo, sempre é da vontade do Senhor que você o louve. Quanto mais adorar e louvar a Deus, mais você compreenderá os detalhes da vontade dele para sua vida.

### VONTADE ETERNA DE DEUS PARA SUA VIDA

*É vontade eterna de Deus que você o reconheça em todos os seus caminhos.*

"Reconheça o SENHOR em todos os seus caminhos, e ele endireitará as suas veredas" (Pv 3.6).

*É vontade eterna de Deus que você viva pela fé.*

"Mas o meu justo viverá pela fé. E, se retroceder, não me agradarei dele" (Hb 10.38).

*É vontade eterna de Deus que você o adore.*

"Adore o Senhor, o seu Deus, e só a ele preste culto" (Mt 4.10).

Além de descobrir o querer de Deus em sua Palavra, você também deve orar para receber o entendimento, a sabedoria e a iluminação pessoal de que necessita para andar na direção correta.

Dezessete anos atrás, meu marido e eu buscamos saber se era da vontade de Deus que nos mudássemos de Los Angeles, na Califórnia, para Nashville, no Tennessee. Encontrávamos prós e contras em ambas as decisões. Muitas pessoas diziam que a escolha era óbvia, mas metade pensava que deveríamos ficar em Los Angeles, enquanto a outra metade achava evidente que devêssemos nos mudar para Nashville.

Meu esposo se sentia inclinado a ir para Nashville, mas eu queria ficar em Los Angeles. O que me convenceu de que a mudança para Nashville era um passo equivocado foi a reação de meu esposo quando demonstrei hesitação a esse respeito. Eu achava que, se estivéssemos sendo conduzidos pelo Espírito Santo em relação à mudança, meu marido não se mostraria nervoso e autoritário. Sabia que precisávamos entregar nossos sonhos a Deus e orar para receber uma compreensão clara de sua vontade.

Michael orou que, se fosse para nos mudar, que Deus falasse a *meu* coração a esse respeito também. Precisei jejuar e orar muitas vezes sobre o assunto, plenamente desejosa de cumprir o querer do Senhor, mas sempre na expectativa de que não precisasse me mudar e deixar meus familiares, amigos íntimos e a igreja que amava. Demorou meses, mas, certo dia, Deus subitamente colocou a resposta em meu coração e tive a certeza de que era sua vontade que nos mudássemos.

Era importante que nós dois tivéssemos a certeza de que se tratava da vontade divina, pois não havia nada de fácil na mudança e no processo de adaptação que se seguiria a ela. Na verdade, ir para o outro lado do país era extremamente difícil. Cumprir o querer de Deus não significa que as coisas serão fáceis. Pergunte a Jesus! Ele estava fazendo a vontade divina quando passou pela cruz.

Michael e eu soubemos que havíamos feito a coisa certa quando, poucos meses após a mudança para o Tennessee, nossa casa na Califórnia foi destruída pelo terremoto de Northridge. Ainda não a havíamos vendido, mas percebemos que deveríamos mesmo ter mudado. E foi ótimo termos seguido a orientação do Senhor, pois o desastre teria sido ainda maior se estivéssemos lá na época. Nosso seguro contra terremotos cobriu apenas metade do que tínhamos pagado pela casa; tivemos, portanto, uma grande perda financeira. Mas teríamos perdido muito mais — quem sabe até mesmo a própria vida — se houvéssemos ignorado a vontade de Deus e permanecido ali.

Todas nós precisamos conhecer o desejo do Senhor em relação a detalhes específicos de nossa vida. "Devo ir para lá ou ficar aqui?" "Devo aceitar este emprego ou aquele?" "Posso confiar nesta pessoa ou não?" A boa notícia é que podemos começar a realizar esse propósito ao fazer o que *sabemos ao certo* ser a vontade de Deus. Por exemplo, embora não seja da vontade divina que todos se mudem para Nashville, é desejo dele que oremos para ele nos conduzir para onde deseja que estejamos.

### Por que você deve desejar a vontade de Deus

*Para entrar no reino de Deus.*
"Nem todo aquele que me diz: 'Senhor, Senhor', entrará no Reino dos céus, mas apenas aquele que faz a vontade de meu Pai que está nos céus" (Mt 7.21).

*Para viver com Deus para sempre.*
"O mundo e a sua cobiça passam, mas aquele que faz a vontade de Deus permanece para sempre" (1Jo 2.17).

*Para evitar viver nos desejos da carne.*
"Aquele que sofreu em seu corpo rompeu com o pecado, para que, no tempo que lhe resta, não viva mais para satisfazer os maus desejos humanos, mas sim para fazer a vontade de Deus" (1Pe 4.1-2).

*Para receber a promessa de Deus.*
"Vocês precisam perseverar, de modo que, quando tiverem feito a vontade de Deus, recebam o que ele prometeu" (Hb 10.36).

*Para evitar sofrimentos desnecessários.*
"É melhor sofrer por fazer o bem, se for da vontade de Deus, do que por fazer o mal" (1Pe 3.17).

## Como descobrir qual é a vontade de Deus

*Diga a Deus que você vive para fazer a vontade dele.*
"Escravos, obedeçam [...] não apenas para agradá-los quando eles os observam, mas como escravos de Cristo, fazendo de coração a vontade de Deus" (Ef 6.5-6).

*Peça sabedoria a Deus para ajudá-la a compreender qual é a vontade dele.*
"Não sejam insensatos, mas procurem compreender qual é a vontade do Senhor" (Ef 5.17).

*Peça a Deus que a capacite a fazer a vontade dele.*
"O Deus da paz [...] os aperfeiçoe em todo o bem para fazerem a vontade dele, e opere em nós o que lhe é agradável, mediante Jesus Cristo, a quem seja a glória para todo o sempre" (Hb 13.20-21).

*Ouça a voz de Deus falar a seu coração.*
"Quer você se volte para a direita quer para a esquerda, uma voz atrás de você lhe dirá: 'Este é o caminho; siga-o'" (Is 30.21).

*Louve a Deus e lhe dê graças por tudo.*
"Deem graças em todas as circunstâncias, pois esta é a vontade de Deus para vocês em Cristo Jesus" (1Ts 5.18).

*Peça a Deus que opere a vontade dele em sua vida para a glória dele.*
"[...] tendo os olhos fitos em Jesus, autor e consumador da nossa fé. Ele, pela alegria que lhe fora proposta, suportou a cruz, desprezando a vergonha, e assentou-se à direita do trono de Deus" (Hb 12.2).

## Depois de saber o que fazer, faça!

Assim que souber qual é a vontade de Deus, é muito importante que você obedeça ao que ele está lhe dizendo.

Jeremias ficou bravo com os israelitas porque pediram que ele orasse para saber se era desejo de Deus que todos ficassem onde estavam ou que fossem para o Egito. Ele orou, recebeu a resposta, mas o povo não fez aquilo que o Senhor instruiu.

Jeremias disse:

> Vocês cometeram um erro fatal quando me enviaram ao Senhor, ao seu Deus, pedindo: "Ore ao Senhor, ao nosso Deus, em nosso favor. Diga-nos tudo o que ele lhe falar, e nós o faremos". Eu lhes disse, hoje mesmo, o que o Senhor, o seu Deus, me mandou dizer a vocês, mas vocês não lhe estão obedecendo. Agora, porém, estejam certos de que vocês morrerão pela guerra, pela fome e pela peste, no lugar que vocês desejam residir.
> 
> Jeremias 42.20-22

Orar para saber qual é a vontade de Deus e depois não cumpri-la traz consequências sérias. Neste caso, foi um sofrimento terrível e a morte. Não viver segundo o querer do Senhor depois de ele revelá-lo a você abre caminho para muito sofrimento em sua vida também. A escolha por viver conforme o querer divino pode ajudá-la a se afastar de problemas desnecessários e de uma morte prematura.

Não estou dizendo que a pessoa que segue a vontade de Deus nunca passará por sofrimento e morte. A experiência de Jesus demonstra que isso não é verdade. Ele estava cumprindo a vontade divina quando passou pela cruz, mas havia um propósito maior para seu sofrimento e sacrifício. E o mesmo se aplica a nós. Se você estiver fazendo o desejo do Senhor e algo ruim acontecer, pode confiar que Deus tem um plano para trazer algo de bom a partir do que está ocorrendo.

Depois de Jeremias fazer a oração, a resposta demorou dez dias para chegar. Embora ele tivesse uma linha direta de comunicação com Deus e desfrutasse o favor divino, ainda assim precisou esperar pela resposta. Você também tem uma linha direta de comunicação com Deus — o nome dela é Jesus — e desfruta o favor divino por causa de Cristo. Portanto, caso esteja orando para saber aonde ir, ou qual decisão tomar, não fique impaciente enquanto espera pela resposta do Senhor. Lembre-se de que você está no tempo de *Deus*; não é ele quem se encaixa no seu.

O problema dos israelitas era que eles já haviam decidido o que iriam fazer antes mesmo de perguntar ao Senhor. Por isso, não importava que Deus lhes orientasse a ficar onde estavam e não ir para o Egito; estavam determinados a ir de qualquer maneira. Em resultado, todos foram destruídos, porque não ouviram ao Senhor nem obedeceram à sua vontade para a vida deles.

Quando pedimos orientação divina, precisamos estar dispostas a obedecer assim que soubermos qual é sua vontade. As consequências de não fazê-lo são graves.

Jonas é outro exemplo de quem sofre as consequências de não cumprir a ordem de Deus depois de saber qual ela é. O Senhor ordenou que Jonas fosse para determinado lugar. Ele, além de se recusar a ir, fugiu da presença de Deus. Embarcou num navio destinado a um lugar no qual, em sua opinião equivocada, seria possível escapar do Senhor. Veio então uma tempestade terrível e Jonas foi lançado no mar, onde foi engolido por um grande peixe. Permaneceu na barriga daquele peixe por três dias e três noites. Isso deu a ele muito tempo para pensar. Naquele lugar desesperador, Jonas orou e adorou a Deus. Depois disso, foi devolvido à terra seca. Quando o Senhor disse outra vez a Jonas aonde queria que ele fosse e o que queria que ele fizesse, o profeta obedeceu.

Há muito mais nessa história e vale a pena lê-la repetidamente, mas, para o propósito deste capítulo, basta dizer que é melhor fazer a vontade de Deus do que ser engolido pelas consequências de *não* cumpri-la. "'Quando eu os chamei, não me deram ouvidos; por isso, quando eles me chamarem, também não ouvirei', diz o Senhor dos Exércitos" (Zc 7.13).

Jesus, por sua vez, disse: "Não procuro agradar a mim mesmo, mas àquele que me enviou" (Jo 5.30). Quando estava prestes a enfrentar a cruz, ele se prostrou diante de Deus e orou: "Meu Pai, se for possível, afasta de mim este cálice; contudo, não seja como eu quero, mas sim como tu queres" (Mt 26.39). Jesus preferia a vontade de Deus à própria vida.

Quando ensinou os discípulos a orar, Cristo os instruiu a dizer: "Seja feita a tua vontade, assim na terra como no céu" (Mt 6.10). É assim que nós também devemos orar. Não importa aquilo que *nós* queremos, devemos querer o que *Deus* mais deseja.

## *Poder da oração*

Senhor, peço-te que me ensines a fazer somente a tua vontade (Sl 143.10). Efetua o querer da tua vontade em meu coração (Fp 2.13). Ajuda-me a continuar firme em teu querer e a permanecer no centro dele em todos os momentos (Cl 4.12).

Sou grata porque é possível conhecer tua vontade. Busco conhecê-la para minha vida hoje. Guia todos os meus passos, para que eu não tome uma decisão errada, ou siga por um caminho errado. "Tenho grande alegria em fazer a tua vontade, ó meu Deus" (Sl 40.8). Preenche-me com o conhecimento de teu desejo em toda sabedoria e em todo entendimento espiritual (Cl 1.9).

Alinha os desejos de meu coração com os do teu. Quero fazer aquilo que tu desejas para minha vida. Ajuda-me a recusar apegar-me a coisas que não provêm do Senhor. Auxilia-me a me agarrar a ti, não a meus próprios sonhos. Desejo, de todo meu coração, fazer somente a tua vontade (Ef 6.6). Quando passar por tempos difíceis, ajuda-me a saber se é porque fiz alguma coisa errada, ou se fiz algo certo e tudo está acontecendo de acordo com teu querer (1Pe 4.19).

Senhor, só tu sabes o que é certo para mim. Ajuda-me a ouvir tua voz a me guiar. Transforma-me para fazer tua vontade (Rm 12.2). Capacita-me a ter perseverança, para que eu possa cumprir teu perfeito querer e receber todas as promessas que tens para mim.

Em nome de Jesus, amém.

### Poder da Palavra

*Por essa razão, desde o dia em que o ouvimos, não deixamos de orar por vocês e de pedir que sejam cheios do pleno conhecimento da vontade de Deus, com toda a sabedoria e entendimento espiritual. E isso para que vocês vivam de maneira digna do Senhor e em tudo possam agradá-lo, frutificando em toda boa obra, crescendo no conhecimento de Deus.*
COLOSSENSES 1.9-10

*Esta é a confiança que temos ao nos aproximarmos de Deus: se pedirmos alguma coisa de acordo com a vontade de Deus, ele nos ouvirá.*
1JOÃO 5.14

*Pois quem faz a vontade de meu Pai que está nos céus, este é meu irmão, minha irmã e minha mãe.*
MATEUS 12.50

*Aqueles que sofrem de acordo com a vontade de Deus devem confiar sua vida ao seu fiel Criador e praticar o bem.*
1PEDRO 4.19

*Pois é da vontade de Deus que, praticando o bem, vocês silenciem a ignorância dos insensatos.*
1PEDRO 2.15

CAPÍTULO 14

## *Reconheça e cumpra seu propósito*

Não ter senso de propósito na vida é algo perigoso. Podemos acabar fazendo escolhas erradas, realizar coisas insensatas, ficar frustradas ou insatisfeitas e cair nas armadilhas do inimigo. É claro que também podemos passar por isso até quando sabemos qual é nosso propósito, mas, pelo menos, não é uma situação crônica. Trata-se de um desvio temporário de um caminho geral, quando tropeçamos brevemente na estrada da vida. Entretanto, por *ter* um senso de propósito, logo nos endireitamos e retornamos para o rumo correto.

Ter senso de propósito não significa conhecer todos os detalhes de seu futuro. Na verdade, talvez você conheça poucos detalhes a esse respeito. É possível inclusive que nem saiba para onde o caminho de Deus a levará. Mas você tem *certeza* de para onde ele *não* a levará. Por exemplo, você pode sentir que foi chamada para usar seus dons a fim de ajudar as pessoas, porém sabe que não foi chamada a deixar seu cônjuge e seus filhos para realizar isso. Esse conhecimento simples a ajudará a tomar as decisões corretas.

Ter um chamado ou senso de propósito a impedirá de sucumbir quando enfrentar temores ou fracassos. Manterá você em movimento quando se sentir desanimada. Impedirá que desperdice seu tempo valioso fazendo algo que não é certo. As pessoas que desperdiçam a vida com drogas, álcool, jogos de azar e pornografia não fazem ideia de qual é o propósito de Deus para elas. Se soubessem, creio que o senso de propósito dado pelo Senhor logo superaria o desejo por todas essas coisas. Seu chamado as afastaria desses males, ou os impediria de acontecer, antes de tudo. Até quando uma pessoa é vítima de algo terrível, ela precisa compreender que o elevado propósito divino não se perdeu; ele continua a existir. Creio que não ter um senso de propósito é o fator subjacente aos sérios problemas que muita gente enfrenta.

Tenho a convicção de que todo o sofrimento e toda a dor que senti nos anos anteriores à minha conversão se deveram ao fato de eu não ter Jesus nem o Espírito Santo em mim nem o senso do propósito de Deus para minha vida. A única sensação que tinha era de que tudo na vida era frágil e poderia acabar num instante; que todo dia era uma luta para sobreviver; que eu não tinha poder para mudar a mim mesma nem nada em minha vida; e que as pessoas que deveriam me amar não amavam, a menos que eu fizesse o que elas queriam.

No entanto, depois de me tornar cristã, finalmente adquiri um senso de esperança e propósito. A coisa mais valiosa em minha vida foi a presença de Deus, que trouxe amor, aceitação, rejuvenescimento, força, libertação, cura e restauração. Era diferente de tudo que eu já havia sentido. Era inconfundível. Todas as vezes que eu entrava na igreja e sentia aquela forte presença, lágrimas me vinham nos olhos. Não eram lágrimas de amargura, tristeza, frustração ou autopiedade como antes, mas lágrimas que lavavam toda uma vida cheia disso. Elas curavam, limpavam, restauravam, consertavam e abrandavam meu coração nos lugares em que se havia partido tantas vezes que cicatrizes o endureciam.

Não digo que me tornei perfeita depois de aceitar o Senhor em minha vida. Ainda cometo erros. Fiz coisas tolas das quais me arrependo e fiquei desapontada com outros cristãos, pois pensava que eles deviam ser tão perfeitos quanto o Deus a quem serviam. Tudo isso era parte do processo de crescimento no Senhor. Tropecei, mas sentia a forte convicção de que, por ser filha do Rei, havia coisas destinadas a mim melhores do que as profundezas em que eu havia me deixado cair.

Antes de ter o senso do propósito dado por Deus, sentia-me sufocada na vida e não conseguia encontrar ar fresco. Estava afundando e quase me afogando num mar de más decisões e desespero. Jesus, além de me jogar uma corda, também me estendeu sua mão forte e segura, que me tirou do lamaçal. Em vez de um vazio na vida, que só era superado pelo medo paralisante, eu podia agora contar com alguém cujo amor incondicional era poderoso o suficiente para remover todo o medo e me encher de paz e alegria. Cristo me restaurou e me convenceu de que eu tenho um propósito. Sei que esse propósito é bom porque *ele* é bom.

## Reconheça que você tem um propósito

Se você é cristão, tem um propósito. Nunca pense que não. É muito fácil nos desviarmos dessa ideia porque assistimos demais à televisão e pensamos que tudo aquilo que lemos em jornais ou revistas é verdade. Coloque uma coisa na cabeça: a Bíblia é a verdade. Tudo que for baseado na Bíblia e escrito por cristãos honestos também deve ser verdade. O restante é suspeito. Não baseie seu senso de propósito naquilo que o mundo diz ser valioso.

*Propósito é o que Deus lhe designou para fazer. É aquilo que você faz de propósito para o Senhor.*

Seu chamado é o que *Deus* a chamou para fazer. *Ele* a conduz até o chamado. *Ele* revela os dons que colocou em você e como deseja que os use. Peça ao Senhor que lhe mostre os dons que lhe deu.

Se você já possui um forte senso de propósito e chamado, seja grata, pois nem todos o têm. Ore para nunca perdê-lo de vista. Peça a Deus que redefina a visão que ele lhe deu, para permanecer no caminho certo e não ser desviada ou afastada por atividades ou distrações desnecessárias.

Caso não possua um senso de propósito, ou tenha apenas a sensação vaga de que possui um propósito, mas não faz ideia de qual é ele, pergunte-se: "Em que eu sou bom?". Anote a resposta. Faça uma lista. Se não souber a resposta a essa questão, pergunte-se: "O que eu *gosto* de fazer?", "O que eu *aprecio* fazer?", "Que tipo de trabalho eu *poderia* fazer se aprendesse as habilidades necessárias?", "Que tipo de habilidades eu *gostaria* de aprender?", "O que eu *quero* fazer bem?". Se tiver dificuldade em responder a essas perguntas, peça a alguém em quem confia que lhe ajude a completar a lista.

Não espere conhecer todos os detalhes de seu propósito e chamado. Às vezes, o simples fato de saber que você *possui* um propósito e um chamado é bom o bastante para mantê-la no caminho certo. Sempre que se sentir confusa ou em dúvidas quanto a isso, volte para aquilo que você *sabe* ser seu chamado. Deixe-me lembrar que sua vida tem propósito porque você é filha de Deus. Você foi chamada para ser uma discípula de Jesus e partilhar as boas-novas sobre a vida encontrada nele. "Fiel é Deus, o qual os chamou à comunhão com seu Filho Jesus Cristo, nosso Senhor" (1Co 1.9). Você foi chamada para servir a Deus e dar glórias a ele ao ser a mão do Senhor estendida aos outros.

Seu maior propósito e chamado na Terra é adorar a Deus. É para isso que ele a criou. A adoração será seu maior propósito por toda a eternidade. Uma das muitas coisas maravilhosas que acontecem em decorrência de adorar ao Senhor é que ele lhe concede revelação para sua vida. Louvá-lo ajudará você a cumprir seu propósito. "Deus nos chamou para vivermos em *paz*" (1Co 7.15; grifo da autora). Ele também nos chamou para a *santidade* (1Ts 4.7), para a *liberdade* (Gl 5.13) e para nos tornarmos mais semelhantes a ele a cada dia (Rm 8.29). Ao buscar essas coisas, também nos mantemos no caminho que leva à realização de nosso propósito.

Se você já *teve* um forte senso de propósito no *passado*, mas, nesta etapa de sua vida, sente que pode tê-lo perdido, não se esqueça de que muitas coisas podem contribuir para isso. Passar por problemas de saúde, decepções em relacionamentos, lutas financeiras, trabalhar demais até o ponto de exaustão, estar estressada até o limite ou sofrer ataques repetidos do inimigo — qualquer uma dessas coisas pode abalar sua confiança em si mesmo e em sua vida. Não permita que as circunstâncias comandem seu senso de propósito. Seu chamado e propósito vêm de Deus, e ele não muda de ideia a esse respeito.

## Sujeite seu trabalho a Deus

Conhecer seu propósito não significa que tudo aquilo que você fizer será carregado de profunda significância. Deus usa o trabalho que fazemos para nos preparar. Alguns empregos nos dão humildade, mais compaixão pelos outros, nos preparam para o que está a nossa frente, ou podem ser um meio para alcançar determinado fim. Um emprego também pode servir simplesmente para lhe fornecer os recursos para permanecer vivo, ter um lugar para viver, ajudar seus filhos a estudar numa boa escola, capacitá-la a cuidar dos outros ou apoiá-la enquanto você aprofunda seus estudos. Cada emprego a prepara para outro, portanto não fique abatida caso tenha hoje um trabalho preparatório, de amadurecimento, que seja um meio para alcançar um fim.

Se for possível, é importante encontrar um emprego com o qual se importe, pois seu desempenho será melhor num trabalho que aprecie. Você gosta de ajudar os outros? De que maneira? Ensinando? Servindo? Fazendo coisas para as pessoas? Ajudando-as a realizarem o que precisam? A sentirem-se melhor? Peça a Deus que lhe mostre as respostas a essas perguntas.

Qualquer que seja seu trabalho, sujeite-o ao Senhor para a glória dele. Peça a Deus que fique no comando e a abençoe. Ao fazer isso, até as partes desagradáveis daquilo que você faz passarão a ser suportadas. "Tudo o que fizerem, façam de todo o coração, como para o Senhor, e não para os homens, sabendo que receberão do Senhor a recompensa da herança. É a Cristo, o Senhor, que vocês estão servindo" (Cl 3.23-24). Você sempre será bem-sucedida em algo que ama e dedica a Deus.

Se você sente que está num emprego que não corresponde àquilo que deveria fazer, peça ao Senhor que a tire dele e a coloque em algo que cumpra seu real propósito. Se seu trabalho a abate, deixa-a doente, deprimida, ansiosa, ou parece uma atividade errada para você, peça a Deus que lhe dê uma nova visão para sua vida. Você não precisa viver à deriva em seu trabalho, sentindo-se sem objetivo, inadequado, desprovido de talento ou de propósito. Você pode ter uma vida dinâmica de poder e propósito em qualquer trabalho que estiver realizando, se for a vontade divina para sua vida.

A despeito do que fizer, quando sua maior motivação for ajudar os outros, o trabalho se tornará sua maior fonte de satisfação também (Fp 2.4).

## A UNÇÃO DE DEUS

A Bíblia diz: "Os dons e o chamado de Deus são irrevogáveis" (Rm 11.29). Deus colocou dons em você e tem um chamado para sua vida. Essa verdade nunca muda. A decisão de reconhecer esses dons e compreender seu chamado depende de você. O Senhor não tenta esconder seu chamado de você. Na verdade, ele costuma deixá-lo tão óbvio que nem conseguimos reconhecê-lo, pois estamos procurando por algo diferente.

Contudo, não se confunda pensando que os dons e o chamado são o mesmo que a unção. A unção é um toque especial de Deus em nossa vida. Quando operamos com os dons e o chamado, o toque do Senhor dará vida aos dons, para serem usados poderosamente para a glória e o propósito dele. A unção corresponde a uma presença especial do Espírito Santo que acende a chama dos dons e do chamado, a fim de que eles levem vida a outras pessoas e cumpram o plano de Deus.

É importante saber que a unção *pode* ser perdida. É possível abdicar dela por meio da desobediência ou do pecado. Um exemplo disso foi a experiência de Sansão. Ele tinha o dom da força. E seu chamado era usá-la para a glória de Deus. Sua força era representada pelos cabelos compridos, e ele recebeu a instrução de nunca cortá-los. Quando, em sua insensatez, se envolveu com Dalila, contou-lhe o segredo de sua força. Ela o dopou e, enquanto Sansão dormia, cortaram seu cabelo. Ao acordar, percebeu que os filisteus o haviam capturado. Ele pensou que ainda tinha força suficiente para se libertar, mas *"não sabia que o* Senhor *o tinha deixado"* (Jz 16.20; grifo da autora). O Senhor se retirou de Sansão por causa de sua desobediência.

Outro exemplo é o de Saul, que desobedeceu a Deus e perdeu a unção para ser rei sobre seu povo. Saul rejeitou as instruções divinas, portanto o Senhor o rejeitou como rei (1Sm 15.16-26). *"O Espírito do* Senhor *se retirou de Saul,* e um espírito maligno, vindo da parte do Senhor, o atormentava" (1Sm 16.14; grifo da autora). Deus nos concede dons e chamado para que cumpramos nosso propósito e ele não os toma de nós. Em contrapartida, a unção é um dom tão precioso que, se não a valorizarmos e dermos as costas aos caminhos do Senhor, a perderemos.

A Bíblia diz: "Vocês têm uma unção que procede do Santo" (1Jo 2.20). Também afirma: "A unção que receberam dele permanece em vocês" (1Jo 2.27). A unção provém de Deus e habita em você. A obra do Espírito Santo em você e por meio de você leva suas ações, dirigidas pelo Senhor e relacionadas à vontade dele e ao propósito de sua vida, a iluminar os outros. Deseje a unção divina naquilo que faz, mas tome o cuidado de não desobedecer a Deus de nenhuma maneira, nem de comprometer o Espírito Santo em seu interior. Oro "para que vocês vivam de maneira digna de Deus, que os chamou para o seu Reino e glória" (1Ts 2.12).

Você nunca encontrará seu propósito longe do Deus que a criou para esse fim. Não permita que sua mente "seja corrompida e se desvie da sua sincera e pura devoção a Cristo" (2Co 11.3). Se a vida ficar difícil demais, é porque você está tentando viver com os próprios esforços, querendo fazer sozinha as coisas acontecerem. Busque o Senhor em louvor e oração e ele lhe dirá para onde você precisa ir. Deus a capacitará a fazer aquilo para o qual a chamou.

## Poder da oração

Senhor, tu me conhecias antes mesmo de eu nascer. Obrigada porque me predestinaste para a salvação e me conformaste à imagem de Jesus. Agradeço-te por teres me chamado e preparado para render glórias a ti (Rm 8.29-30). Dá-me uma percepção clara de qual é teu propósito em minha vida. Ajuda-me a compreender qual é a esperança de meu chamado e a maravilhosa grandeza de teu poder, capacitando-me a cumprir meu propósito.

Peço-te que tudo que eu faça colabore com teus planos e propósitos para minha vida. Mostra-me os dons que colocaste em mim e a melhor maneira de desenvolvê-los e usá-los para teu louvor. Capacita-me a permanecer firme em seus caminhos, para que teu propósito se realize em minha vida.

Sujeito meu trabalho a ti. Oro para que eu sempre faça tua vontade em tudo aquilo que empreender e que eu exerça bem todas as minhas funções. Peço-te que todas as coisas que realizar sejam agradáveis a ti e àqueles para quem e com quem trabalho. Nenhum emprego é pequeno ou grande demais, contanto que seja aquilo que me chamaste para fazer. Consolida a obra de minhas mãos para teu prazer e tua glória (Sl 90.17).

Ajuda-me a entender qual é a esperança do meu chamado (Ef 1.17-18). Capacita-me a ser firme, a não ser abalada e a permanecer sempre dedicada à obra do Senhor, sabendo que "no Senhor, o trabalho [...] não será inútil", desde que venha *de* ti e seja *para* ti (1Co 15.58). Ajuda-me a viver cada dia com a profunda percepção de teu propósito em minha vida.

Em nome de Jesus, amém.

## Poder da Palavra

*Sabemos que Deus age em todas as coisas para o bem daqueles que o amam, dos que foram chamados de acordo com o seu propósito.*
ROMANOS 8.28

*Conceda-te o desejo do teu coração
e leve a efeito todos os teus planos.*
SALMOS 20.4

*Rogo-vos, pois, eu, o prisioneiro no Senhor, que andeis
de modo digno da vocação a que fostes chamados.*
EFÉSIOS 4.1, RA

*Oramos constantemente por vocês, para que o nosso
Deus os faça dignos da vocação e, com poder, cumpra
todo bom propósito e toda obra que procede da fé.*
2TESSALONICENSES 1.11

*Portanto, meus amados irmãos, mantenham-se
firmes, e que nada os abale. Sejam sempre dedicados
à obra do Senhor, pois vocês sabem que, no Senhor, o
trabalho de vocês não será inútil.*
1CORÍNTIOS 15.58

## CAPÍTULO 15

## *Desfrute o amor de Deus*

Deus é amor. Ele ama você incondicionalmente.

É preciso ter certeza disso se deseja ter liberdade, plenitude e sucesso verdadeiro. Isso porque o amor de Deus traz cura, realização, libertação, edificação, rejuvenescimento e calma. Sem a aceitação completa do amor divino em nossa vida, estamos sempre lutando, preocupadas, ansiosas e incertas. Não conseguimos encontrar paz.

O amor de Deus nunca morre, é eterno. Esse amor sempre está disponível para você. Nada pode separá-la do amor de Deus (Rm 8.38-39). Nós é que podemos colocar barreiras para recebê-lo por causa de nossas dúvidas e nossos temores.

Quando não acreditamos plenamente no amor de Deus, costumamos fazer coisas por insegurança. O amor divino faz-nos sentir seguras de uma maneira que o amor humano não consegue. É um amor infalível, já o humano não. É incondicional, enquanto o amor humano costuma colocar obstáculos para saltarmos e padrões aos quais devemos nos elevar — ou rebaixar, dependendo do caso. O amor de Deus é sem limites e traz cura; o amor humano também pode proporcionar cura, mas tem seus limites. Isso porque Deus é perfeito, mas as pessoas não. O amor de Deus é perdoador e não guarda mágoa dos erros. O amor humano, em geral, é exigente e mantém o registro das injustiças. Enquanto o amor humano pode nos fazer sentir melhor a nosso respeito, o amor de Deus é capaz de nos transformar.

Muitos de nós não se sentem dignos do amor de Deus. Pensamos que já falhamos de tantas maneiras que com certeza ele não nos ama mais. Ou, por causa de coisas rancorosas que nos fizeram no passado, sentimos que é impossível alguém nos amar.

Quando convidamos Jesus a entrar em nossa vida, o Espírito Santo de Deus habita em nosso coração. Ele é amor e é eterno. Portanto, temos amor eterno em nosso coração. Seria possível, então, que as coisas que você ou eu fazemos com pureza de coração, cheios do amor de Deus, tenham repercussões eternas? Fariam parte dos tesouros acumulados no céu (Mt 6.19-20)? "Onde estiver o seu tesouro, aí também estará o seu coração" (Mt 6.21). Se assim for, não podemos deixar de ser *alvos* e *canais* do amor de Deus neste mundo.

Se você duvida de que o Senhor a ama, vá até ele e peça que a ajude a sentir a presença e o amor dele. Para ser curada, plena e enriquecida no espírito e na alma, você precisa fazer isso com frequência, até que se torne parte de quem é, não mais uma realidade com a qual precisa lutar para crer. Achegar-se a Deus em adoração e louvor, agradecendo a ele por ser um Deus de amor é a experiência mais maravilhosa e restauradora que existe. Toda vez que você fizer isso, ele derramará amor em sua vida e esse sentimento crescerá. É impossível ficar melhor do que isso!

Não se satisfaça em aceitar a ideia de que Deus a ama apenas intelectualmente. Leve-a para o coração. Diga "Jesus me ama" cinquenta vezes por dia, caso necessário, até se convencer. Convide a presença de Deus — que é a presença do amor puro e incondicional — por meio do louvor. Quando se sentir desanimada, chegue perto do Senhor e agradeça a ele por seu amor. Agradeça-lhe por ter morrido em seu lugar e porque agora você pode viver para sempre com ele. Se isso não for amor, então não sei o que é!

### Como o amor de Deus muda sua vida

*O amor de Deus lhe dá vida eterna.*

"Porque Deus tanto amou o mundo que deu o seu Filho Unigênito, para que todo o que nele crer não pereça, mas tenha a vida eterna" (Jo 3.16).

*O amor de Deus a conduz até ele.*
"Eu os conduzi com laços de bondade humana e de amor; tirei do seu pescoço o jugo e me inclinei para alimentá-los" (Os 11.4).

*O amor de Deus permite que você viva por meio dele.*
"Foi assim que Deus manifestou o seu amor entre nós: enviou o seu Filho Unigênito ao mundo, para que pudéssemos viver por meio dele" (1Jo 4.9).

*O amor de Deus pagou por seus pecados.*
"Nisto consiste o amor: não em que nós tenhamos amado a Deus, mas em que ele nos amou e enviou seu Filho como propiciação pelos nossos pecados" (1Jo 4.10).

*O amor de Deus lhe dá acesso a ele.*
"Assim conhecemos o amor que Deus tem por nós e confiamos nesse amor. Deus é amor. Todo aquele que permanece no amor permanece em Deus, e Deus nele" (1Jo 4.16).

*O amor de Deus liberta você do medo.*
"No amor não há medo; ao contrário o perfeito amor expulsa o medo, porque o medo supõe castigo. Aquele que tem medo não está aperfeiçoado no amor" (1Jo 4.18).

*O amor de Deus lhe dá sucesso verdadeiro.*
"Mas, em todas estas coisas somos mais que vencedores, por meio daquele que nos amou" (Rm 8.37).

## O AMOR DE DEUS A LIBERTA PARA AMAR OS OUTROS

Quanto mais você recebe o amor de Deus, mais ele flui aos outros. Na verdade, nosso amor pelas pessoas é o sinal que mais atrai os descrentes. Foi o amor de Deus que eu vi em outras pessoas que me atraiu para perto do Senhor. É o amor de Deus em mim que me enche de amor pelos outros — até mesmo por pessoas que não conheço, de outros lugares.

Jesus disse: "Novo mandamento vos dou: que vos ameis uns aos outros; assim como eu vos amei" (Jo 13.34, RA). Cristo nos amou tanto que deu sua vida por nós. Não precisamos morrer pelos outros, mas podemos dar nossa vida de outras maneiras.

A Bíblia afirma que se não tivermos amor pelos outros em nosso coração, não temos nada, e todo o bem que pensamos fazer não nos trará benefícios. "Ainda que eu fale as línguas dos homens e dos anjos, se não tiver amor, serei como o sino que ressoa ou como o prato que retine. Ainda que eu tenha [...] uma fé capaz de mover montanhas, se não tiver amor, nada serei" (1Co 13.1-2). Deus quer encher seu coração com o amor que vem dele para que você o estenda aos outros.

### Doze maneiras de estender o amor de Deus aos outros

Existem incontáveis maneiras de estender o amor de Deus aos outros, mas a seguir se encontram algumas, extraídas de Romanos 12.9-21, passagem da Bíblia que também poderia ser chamada "Manual para agir como um cristão".

1. *"O amor deve ser sincero"* (v. 9).

    Não finja amar os outros quando isso não for verdade. Se você não tiver amor por alguém em seu coração, ore por essa pessoa todos os dias e Deus lhe dará seu coração de amor por ela. Não se contente apenas em *dizer* que você ama alguém, *demonstre* isso. Fale e faça coisas que podem ser definidas como atos de amor. Peça ao Senhor que encha seu coração com o amor dele e lhe mostre como partilhar esse sentimento.

2. *"Odeiem o que é mau"* (v. 9).

    Você já é uma pessoa sensível ao mal, caso contrário não estaria lendo este livro. Mas nossa sociedade se encontra tão repleta de perversidade que podemos nos tornar insensíveis a algumas das "coisas menos graves", e elas deixam de nos ofender como deveriam. Peça a Deus que lhe mostre o que está acontecendo a você. Ore: "Espírito Santo, ajuda-me a ficar entristecido com tudo que te entristece. Que eu odeie todos os atos e quaisquer palavras que sejam pecaminosos ou desprovidos de amor". Ao fazer isso, além de demonstrar amor por Deus, você também revela seu amor pelos outros. Isso porque, quando você demonstra padrões espirituais, os outros se sentem seguros a seu redor.

3. *"Apeguem-se ao que é bom"* (v. 9).
Não basta apenas sentir repulsa pelo mal; precisamos tomar a decisão ativa de nos apegar ao Senhor e a tudo que é bom. O bem é tudo aquilo motivado pelo amor de Deus. Apegue-se ao amor de Deus em seu coração e permita que ele seja o guia em tudo que você faz.

4. *"Dediquem-se uns aos outros com amor fraternal. Prefiram dar honra aos outros mais do que a si próprios"* (v. 10).
Amar os outros assim como você ama um irmão querido, sendo gentil e carinhoso com ele, é algo que se manifesta por meio da honra, e ao colocar as necessidades dessas pessoas antes das suas. Ore: "Senhor, ajuda-me a levar em conta as necessidades do outro antes das minhas". Demonstrar amor significa não ser indiferente em relação aos outros.

5. *"Nunca lhes falte o zelo"* (v. 11).
Isso implica ter zelo em tudo que fazemos, não só em algumas coisas, quando temos vontade ou queremos. Quer dizer amar os outros o tempo inteiro.

6. *"Sejam fervorosos no espírito"* (v. 11).
Ser fervorosa no espírito também envolve ser fervorosa na oração. É ter paixão pelas coisas que são importantes para o Senhor. É amar os outros e a Deus com todo fervor.

7. *"Sirvam ao Senhor"* (v. 11).
Pense em tudo que você faz como um serviço a Deus — e isso inclui amar os outros. Acredite que, por amar tanto

ao Senhor, você fará qualquer coisa por ele e tudo que lhe agrada, até mesmo amar aqueles que não parecem merecer o amor.

8. *"Perseverem na oração"* (v. 12).
Orar a todo tempo sobre todas as coisas é o caminho para ter uma vida de oração. Uma das coisas mais importantes sobre a qual devemos orar é a vida e as necessidades de outras pessoas. Essa é uma das coisas mais amorosas que podemos fazer.

9. *"Compartilhem o que vocês têm com os santos em suas necessidades. Pratiquem a hospitalidade"* (v. 13).
Peça a Deus que lhe mostre quais são as necessidades dos outros. É claro que você não é capaz de atender a todas as necessidades de cada pessoa, mas o *Senhor* pode. Mostre o amor de Deus doando de qualquer forma que possa, de acordo com a orientação do Espírito Santo, para atender às necessidades das pessoas a seu redor.

10. *"Alegrem-se com os que se alegram"* (v. 15).
Mesmo quando tudo estiver dando errado em *sua* vida, se vir pessoas se alegrando com coisas que *você* almeja, alegre-se *com* elas. Resista à tendência de sentir inveja, pois ela é o oposto do amor.

11. *"Chorem com os que choram"* (v. 15).
Há muitas pessoas sofrendo neste exato momento que seriam abençoadas por seu amor e sua compaixão. Elas necessitam que você demonstre empatia e chore com elas. Esse tipo de demonstração de amor pode mudar a vida de alguém.

12. *"Façam todo o possível para viver em paz com todos"* (v. 18).
Faça tudo que puder para evitar ofender alguém, ser antipática, causar divisão ou contenda. Peça a Deus que a ajude a ser sempre pacífica, cooperadora, cordata e agradável.

A fé, a esperança e o amor são duradouros. Mas, dentre os três, o maior é o amor (1Co 13.13). Isso porque Deus é amor e ele é eterno. Quando nos encontrarmos com o Senhor, não precisaremos mais de fé e esperança, pois o veremos face a face. Mas desfrutaremos seu amor para sempre!

## *Poder da oração*

Senhor, eu te agradeço por seres um Deus de amor. Obrigada por me amares antes mesmo que eu te conhecesse (Rm 5.8). Obrigada por enviares teu Filho Jesus para morrer por mim e assumir a culpa por tudo que mereço. Sou grata, Jesus, por teres me dado vida contigo para sempre e uma vida melhor agora. Teu amor me cura e me faz completa. "Tu és o meu Senhor; não tenho bem nenhum além de ti" (Sl 16.2).

Sei que existe uma grande dimensão de cura e plenitude que só podem se manifestar na presença de teu amor. Capacita-me a estar aberta à operação de teu amor em minha vida como nunca antes. Lava-me com teu amor hoje. Enche meu coração com teu amor em grande medida, para que eu seja a pessoa completa que planejaste ao me criar.

Aperfeiçoa teu amor em mim, ajudando-me a amar as outras pessoas assim como *tu* as ama. Concede-me teu coração de amor pelos outros a todo instante. Peço que me enchas tanto com teu amor que ele transborde para as pessoas de uma maneira perceptível a elas. Mostra-me qual é a atitude amável a tomar em cada situação.

Sou extremamente grata porque nada que faço pode me separar de teu amor, a despeito de onde vou ou de minhas ações — nem mesmo minhas próprias falhas (Rm 8.35-39). Obrigada porque, graças ao teu amor por mim, sou mais do que vencedora (Rm 8.37). Agradeço-te, Senhor, porque teu amor infalível e tua bondade me cercam, uma vez que confio em ti (Sl 32.10).

Em nome de Jesus, amém.

## Poder da Palavra

*Pois estou convencido de que nem morte nem vida, nem anjos nem demônios, nem o presente nem o futuro, nem quaisquer poderes, nem altura nem profundidade, nem qualquer outra coisa na criação será capaz de nos separar do amor de Deus que está em Cristo Jesus, nosso Senhor.*
ROMANOS 8.38-39

*Quem nos separará do amor de Cristo? Será tribulação, ou angústia, ou perseguição, ou fome, ou nudez, ou perigo, ou espada?*
ROMANOS 8.35

*Deus, que é rico em misericórdia, pelo grande amor com que nos amou, deu-nos vida com Cristo, quando ainda estávamos mortos em transgressões — pela graça vocês são salvos. Deus nos ressuscitou com Cristo e com ele nos fez assentar nos lugares celestiais em Cristo Jesus.*
EFÉSIOS 2.4-6

*Amados, amemo-nos uns aos outros, pois o amor procede de Deus. Aquele que ama é nascido de Deus e conhece a Deus. Quem não ama não conhece a Deus, porque Deus é amor.*
1JOÃO 4.7-8

*Ame o Senhor, o seu Deus de todo o seu coração, de toda a sua alma e de todo o seu entendimento.*
MATEUS 22.37

CAPÍTULO 16

## *Coloque sua esperança no Senhor*

Eu costumava pensar que a esperança era algo que simplesmente acontecia com as pessoas, como receber olhos azuis ou castanhos na loteria genética, ou ganhar na Mega-Sena. Algumas pessoas têm esperança e outras não. Eu não tinha. Fingi o máximo que consegui, mas nunca deu certo. Então transferi qualquer esperança que tinha para a sorte, porque a probabilidade parecia melhor. Isso também não funcionou. Minha sorte logo se esgotou. Eu sabia que estava no limite de tentar desvendar as coisas por conta própria, porém não tinha a quem recorrer. Quando me recordo da falta de esperança que senti antes de me tornar cristã, fico maravilhada por ter sobrevivido. Alguém devia estar orando por mim.

Depois de me converter, aprendi que minha vida não dependia mais da sorte. Mas ainda me sentia sem esperança em relação a muitas coisas, como me casar com um homem espiritual e piedoso, ser alguém na vida ou conseguir fazer algo relevante. Foi só depois de ler sobre a esperança na Bíblia que descobri que tê-la é uma decisão tomada por nós. *Nós* decidimos se temos ou não esperança. *Nós* fazemos a escolha de dar lugar ou não à falta dela. *Nós* somos aquelas a reconhecer que a esperança se encontra dentro de nós na forma do Espírito Santo.

Paulo orou para que o Deus da esperança enchesse os cristãos de alegria e paz, para que transbordassem "de esperança, pelo poder do Espírito Santo" (Rm 15.13). Ele também disse que, uma vez que o Espírito Santo encheu nosso coração com o amor de Deus, nunca seremos desapontadas ao colocar nossa esperança nele (Rm 5.5). Isso mostra que *sempre* teremos esperança, pois o Espírito Santo *em* nós é uma garantia de que temos acesso ao Deus do impossível. Podemos *escolher* ter esperança, a despeito do que esteja acontecendo em nossa vida, porque nossas expectativas estão nele.

### Como evitar o sofrimento da esperança que tarda

Esperança significa que você antecipa o acontecimento de algo bom. Mas quando o tempo passa e parece que o objeto de sua esperança nunca se tornará realidade, seu coração pode sofrer. "A esperança que se retarda deixa o coração doente, mas o anseio satisfeito é árvore de vida" (Pv 13.12). Não podemos viver com o coração em sofrimento crônico. Precisamos da árvore da vida. Quando nos atolamos no desespero, na decepção e na dor, não conseguimos viver em liberdade, plenitude e sucesso verdadeiro que Deus planejou para nós. Um coração partido abre caminho para uma vida quebrada, uma vida que não dá certo.

### Creia em Deus

*A primeira coisa que precisamos fazer para evitar a falta de esperança é tomar a decisão de crer em Deus.* Precisamos ordenar a nós mesmos que coloquemos nossa esperança no Senhor. Devemos exigi-la para nós. Necessitamos escolher a confiança em Deus. Isso é especialmente verdadeiro quando esperamos ver mudanças em outras pessoas. Oramos e oramos, mas elas ainda exercem a própria vontade ao se recusar a ouvir o Senhor lhes falando ao coração. Devemos nos forçar a retirar os olhos das pessoas e situações e colocá-los no Senhor. Precisamos depositar nossa esperança em Deus e saber que ele está no comando. Isso não quer dizer que devemos parar de orar. Significa que, toda vez que orarmos, devemos confiar que Deus ouve e responderá do jeito dele, no tempo dele.

Sei que é difícil, mas é a única maneira de ter paz na vida. Sua felicidade não pode depender de ninguém mais, mesmo se você for casada. Ela depende do Senhor. Sua esperança e suas expectativas precisam estar *nele*.

Esperança indica desejar algo com a expectativa de alcançá-lo. Quando colocamos nossa esperança no Senhor, temos a expectativa de que ele virá nos ajudar. "Mas se esperamos o que ainda não vemos, aguardamo-lo pacientemente" (Rm 8.25). Podemos perseverar na esperança porque cremos em Deus.

Paulo disse aos hebreus que temos "esta esperança como âncora da alma, firme e segura" (Hb 6.19). É impossível ter essa sensação da alma ancorada — especialmente em meio a uma tempestade — se nossa esperança não estiver no Senhor. O apóstolo também afirma que devemos nos alegrar na esperança (Rm 12.12). Alegrar-se na esperança é uma decisão que tomamos diante de orações não respondidas, porque, sejamos francos, é fácil nos desesperar quando isso acontece.

### Leia a Palavra de Deus

*A segunda coisa que precisamos fazer para evitar a falta de esperança é ler a Palavra de Deus.* "Pois tudo o que foi escrito no passado, foi escrito para nos ensinar, de forma que, por meio da perseverança e do bom ânimo procedentes das Escrituras, mantenhamos a nossa esperança" (Rm 15.4). Se não tivermos esperança no coração, daremos ouvido às mentiras do inimigo, olharemos para nossas circunstâncias ou confiaremos em nossos medos e nossas dúvidas. Precisamos que a verdade de Deus nos afaste dessas coisas. Já que um dos propósitos da Bíblia é nos dar esperança, devemos dizer deliberadamente: "Na tua palavra coloquei a minha esperança" (Sl 119.81).

Pedro nos instruiu: "Santifiquem Cristo como Senhor em seu coração. Estejam sempre preparados para responder a qualquer pessoa que lhes pedir a razão da esperança que há em vocês [...] com mansidão e respeito" (1Pe 3.15-16). Não seremos capazes de responder qual é a razão de nossa esperança se não nos sentirmos esperançosas. Quando nosso coração se encontra desesperançado, isso quer dizer que nossa esperança não está no Senhor nem em sua Palavra. Felizes são aqueles que colocam sua esperança em Deus, mesmo diante de orações não respondidas (Sl 146.5).

## A ESPERANÇA NÃO É ALGO PEQUENO

Às vezes, as pequenas coisas determinam como algo funcionará em nossa vida. O Senhor quer que sejamos zelosas nas pequenas coisas, assim como nas grandes. Para Deus, isso é um reflexo do caráter. "Quem é fiel no pouco, também é fiel no muito, e quem é desonesto no pouco, também é desonesto no muito" (Lc 16.10). As pequenas coisas podem arruinar tudo. As pessoas costumam se preocupar só com as coisas grandes e deixar as pequenas escaparem, mas Deus também as considera importantes. Pode parecer uma coisa pequena se permitir sentir falta de esperança; contudo, isso pode logo se transformar em algo grande. A esperança é o que existe de maior em sua vida e contribui muito mais para o sucesso verdadeiro do que você pode pensar. Não saia de casa sem ela. Na verdade, também não *fique* em casa sem ela!

## COLOQUE SUA ESPERANÇA EM DEUS, NÃO EM SUAS PRÓPRIAS FORÇAS

Deus escolheu as coisas fracas e pequenas para envergonhar as fortes (1Co 1.27). Todas nós temos fraquezas, mas o Senhor diz que nossa fraqueza pode se transformar em nossa maior força. Isso porque ele deseja demonstrar força em nossa fraqueza e usá-la para a glória dele. Deus faz isso porque não gosta que *nós* levemos o crédito por aquilo que *ele* efetua. Então, usa nossas fraquezas para seus propósitos a fim de que saibamos que é *ele* quem faz, não nós.

Submeta seus pontos fracos a Deus. Diga ao Senhor que você sabe que é o poder *dele* trabalhando em sua vida que fará as coisas acontecerem. Encare suas fraquezas como uma bênção, porque Deus pode fazer algo grande por meio de você. E esse é um bom motivo para ter esperança.

Deus é sua esperança. Se sua esperança está em seus talentos, esforços e habilidades, será impossível ir além de suas limitações. Mas quando sua esperança se encontra no Deus do impossível, tudo se torna possível em sua vida, até mesmo realizar coisas que estão além de suas habilidades pessoais.

Quando se sentir desesperançada em relação a qualquer coisa em sua vida, peça a Deus que reavive sua esperança nele e na habilidade que ele tem de fazer o impossível. Quando sua esperança estiver no Senhor, haverá alegria em seu coração. "A esperança dos justos é alegria" (Pv 10.28, RA).

*Onde quer que Deus esteja entronizado, o inimigo não consegue vencer e a esperança domina.*

## *Poder da oração*

Senhor, dependo completamente de ti. Coloco em ti toda minha esperança e todas as minhas expectativas. Não importa o que aconteça, "eu sempre terei esperança e te louvarei cada vez mais" (Sl 71.14). Ajuda-me a me tornar uma prisioneira da esperança (Zc 9.12). Sei que não há esperança sem ti, Senhor (Ef 2.12), portanto todas as minhas esperanças se encontram em ti (Sl 39.7). "Pois tu és a minha esperança, ó Soberano Senhor, em ti está a minha confiança desde a juventude" (Sl 71.5).

Nos momentos em que sou tentada a perder a esperança, em especial quando não vejo respostas às minhas orações durante muito tempo e fico desanimada, ajuda-me a volver meus olhos para o Senhor. Capacita-me a pôr fim a todos os sentimentos de desesperança em minha vida. Ajuda-me a ver que eles não são verdadeiros e que somente a tua Palavra é a verdade. Quando eu orar por uma pessoa ou situação e não vir mudanças, ajuda-me a não colocar minha esperança na resposta à oração, mas em ti, aquele que responde às preces. Se já depositei minha esperança e minhas expectativas em pessoas ou circunstâncias, confesso tais ocasiões como falta de fé em ti e em tua Palavra. Ajuda-me a não fazer mais isso e a começar a colocar minha esperança e minhas expectativas em ti.

Tua Palavra e tuas promessas me confortam. Em tua presença meu coração encontrou um lar. Confio em ti, o Deus da esperança, que me deu todos os motivos para ser esperançoso. Ajuda-me a perceber que ter esperança é muito importante e um indicativo claro do estado de meu coração. Ensina-me a sempre recusar a desesperança e a escolher esperar em ti.

Em nome de Jesus, amém.

## Poder da Palavra

*Mas o* SENHOR *protege aqueles que o temem,
aqueles que firmam a esperança no seu amor.*
SALMOS 33.18

*E a esperança não nos decepciona, porque
Deus derramou seu amor em nossos corações, por
meio do Espírito Santo que ele nos concedeu.*
ROMANOS 5.5

*Ponha a sua esperança no* SENHOR*, ó Israel,
pois no* SENHOR *há amor leal e plena redenção.*
SALMOS 130.7

*Como é feliz aquele cujo auxílio é o Deus de Jacó,
cuja esperança está no* SENHOR*, no seu Deus.*
SALMOS 146.5

*Que o Deus da esperança os encha de toda alegria e
paz, por sua confiança nele, para que vocês transbordem
de esperança, pelo poder do Espírito Santo.*
ROMANOS 15.13

CAPÍTULO 17

## *Doe do jeito de Deus – a ele e aos outros*

Dar é uma grande maneira de ter sucesso na vida. Acredito que o seguinte fato é uma lei natural: "O generoso prosperará; quem dá alívio aos outros, alívio receberá" (Pv 11.25). Já vi essa realidade ser demonstrada tanto entre cristãos quanto em meio a não cristãos. Quando as pessoas dão, algo se abre e começa a funcionar em sua vida, e as bênçãos são liberadas para elas. Mas isso ocorre em medida muito maior para o cristão.

Quando Jesus estava ensinando os fiéis a viver, afirmou: "Deem, e lhes será dado: uma boa medida, calcada, sacudida e transbordante será dada a vocês. Pois a medida que usarem também será usada para medir vocês" (Lc 6.38). A garantia dessa passagem é que, quando os cristãos dão, isso retorna a eles na mesma medida.

Existem duas formas de dar. Uma é dar a Deus. A outra é dar aos que passam por necessidades *como* se estivéssemos dando ao Senhor.

### DAR A DEUS PORQUE ELE DEU MUITO A VOCÊ

Por ter crescido em meio à pobreza, sempre tive medo de não ter comida suficiente ou um lugar seguro para morar. Por causa disso, comecei a trabalhar assim que pude. Trabalhei como babá desde os 12 anos e consegui um emprego de verdade aos 16. A partir de então, sempre tive pelo menos um emprego, e às vezes dois, mesmo quando fazia faculdade em tempo integral.

Quando aceitei o Senhor e comecei a frequentar a igreja, eu contribuía de acordo com o que tinha ali comigo na hora das ofertas. À medida que cresci mais na Palavra, passei a entender que dar a Deus é, na verdade, *devolver* a ele daquilo que me deu. Era um passo de obediência, uma maneira de agradar o Senhor. Deus nos convida a prová-lo para ver se ele não será fiel em derramar bênçãos sobre nós e nos dar tudo de que precisamos (Ml 3.10).

Foi difícil aprender a dar para Deus até eu superar o medo de não ter onde morar e de morrer de fome. O cerne da questão é o quanto confiamos que o Senhor proverá para nós.

Quando Jesus nos instruiu a buscar "em primeiro lugar o Reino de Deus e a sua justiça, e todas essas coisas lhes serão acrescentadas", ele falava de alimento, roupas e dinheiro (Mt 6.25-34). Dizia para não nos preocuparmos com essas coisas, mas, em vez disso, buscar ao Senhor e seus caminhos. Um de seus caminhos é dar. Se roubarmos de Deus aquilo que ele requer de nós, estaremos nos roubando de tudo que ele deseja nos dar (Ml 3.8-11).

Não estou me referindo apenas ao dinheiro, mas comecemos com ele. O Senhor tem exigências em relação ao dinheiro às quais todos nós precisamos aderir quando damos a ele. Toda vez que damos ao Senhor para o avanço de seu reino na Terra, algo é derramado sobre nós. É como se um depósito gigante no céu se abrisse e as riquezas fossem enviadas sobre nossa vida. Na verdade, Deus abre "as comportas dos céus" e derrama tantas bênçãos sobre nós "que nem [teremos] onde guardá-las" (Ml 3.10).

Quando damos ao Senhor, ele não permite que o devorador destrua nossa vida (Ml 3.11, RA). Talvez não seja uma barra de ouro sólido ou um pacote com notas de cem que caia sobre nossa cabeça, mas pode ser que não fiquemos doentes, que as coisas não estraguem, que encontremos um local para viver por um bom preço ou recebamos a proposta de um emprego melhor. Tudo que damos a Deus contribui para uma vida melhor para nós aqui na Terra. Lembre-se de que as leis divinas existem para nosso benefício. Dar ao Senhor o dízimo de tudo que temos é para o propósito dele, mas acaba servindo para nosso benefício também.

Dar a Deus o faz feliz, e ele quer que *nós* fiquemos felizes em fazê-lo. O Senhor deseja que doemos pelo prazer de doar (Mt 6.1-4). Sua Palavra diz: "Aquele que semeia pouco, também colherá pouco, e aquele que semeia com fartura, também colherá fartamente. Cada um dê conforme determinou em seu coração, não com pesar ou por obrigação, pois Deus ama quem dá com alegria" (2Co 9.6-7). Deus quer que doemos com liberalidade e atitude positiva. Quando fazemos isso, ele faz o mesmo por nós.

Peça ao Senhor que a ajude a dar a ele da maneira que ele deseja. Ore para que o Senhor oriente você neste passo de obediência. Trata-se de um passo importante para poder receber tudo que ele reservou para sua vida.

### Doe aos necessitados

A felicidade está ligada à nossa generosidade. "Quem é generoso será abençoado, pois reparte o seu pão com o pobre" (Pv 22.9). As pessoas que têm olhar generoso sempre procuram quem está necessitado. Elas observam para ver quem podem ajudar e como podem fazê-lo. Nesse processo, Deus as recompensa.

Jesus é a luz do mundo. Quando o aceitamos, sua luz vive em nós e brilha por meio de nós. Os outros veem essa luz em nós e são atraídos a ela, mesmo que não saibam o que ela é. "Pois Deus, que disse: 'Das trevas resplandeça a luz', ele mesmo brilhou em nossos corações, para iluminação do conhecimento da glória de Deus na face de Cristo" (2Co 4.6).

Quando não damos aos outros, não permitimos que a luz do Senhor seja plenamente revelada em nós. Nós a cobrimos, como se estivéssemos fechando as venezianas para diminuir a luminosidade. A luz continua a existir, mas não pode ser vista com o mesmo fulgor. Podemos pedir a Deus que nos ajude a dar, a fim de que sua luz brilhe aos outros por meio de nós.

Não devemos ser relutantes em dar. A Bíblia diz o seguinte sobre os pobres: "Dê-lhe generosamente, e sem relutância no coração; pois, por isso, o Senhor, o seu Deus, o abençoará em todo o seu trabalho e em tudo o que você fizer" (Dt 15.10). Deus abençoa nosso trabalho quando damos aos necessitados. Em relação àquele que dá, a Bíblia afirma: "Há quem dê generosamente, e vê aumentar suas riquezas; outros retêm o que deveriam dar, e caem na pobreza" (Pv 11.24). Aumentamos quando damos e diminuímos quando retemos.

Dar não envolve apenas dinheiro, também envolve doar o que é necessário. Se você não tem dinheiro, pode doar seu tempo, levando alguém a algum lugar em que precisa ir, entregando algo de que a pessoa necessita ou fazendo por ela algo que não consegue fazer sozinha. Existem muitas maneiras de atender às necessidades dos outros; peça a Deus que lhe mostre como fazê-lo. Dê aos outros sem esperar nada em troca. Concentre-se na realidade de que dar agrada ao Senhor.

Sempre que preciso de superação ou libertação em minha vida, descobri que é útil checar se eu deveria estar dando algo aos outros. Talvez eu tenha alguma coisa de que as pessoas necessitam ou há algo que eu possa fazer ou dizer para ajudá-las e lhes conceder ânimo. Nunca sinta que não tem nada para dar, pois isso nunca é verdade. Você tem o Senhor, a fonte de suas reservas. Um dos maiores presentes que já me deram foi a promessa de orarem por mim. Isso foi mais valioso para mim do que qualquer outra coisa. Já dei esse mesmo presente a outras pessoas. E descobri algo surpreendente: até mesmo aqueles que não conhecem a Deus ficam felizes ao receber orações.

Há muitas coisas que você pode dar aos outros. Peça a Deus que lhe mostre. Diga: "Senhor, a quem devo dar algo hoje? Mostra-me o que devo dar". Quanto mais você der, segundo a orientação divina, mais receberá aquilo que Deus reservou para sua vida.

## Poder da oração

Senhor, ensina-me como dar a ti com uma atitude alegre. Ajuda-me a ser zelosa nesse passo de obediência. Nunca quero te roubar; só desejo te bendizer. Auxilia-me a dar como tu requeres. Ensina meu coração a devolver parte daquilo que tu me deste. Ajuda-me a rejeitar o medo de não ter o suficiente. Quando eu ficar temerosa, ensina-me a colocar minha confiança em ti. Tu és maior do que qualquer carência que eu venha a ter.

Ajuda-me a ter a alma e os olhos generosos (Pv 11.25; 22.9). Mostra-me maneiras específicas de dar aos outros. Revela as necessidades deles para que eu possa atendê-las. Mostra-me o que queres que eu dê e para quem. Desejo ser conduzida por teu Espírito e saber o que é agradável a ti. Sei que abençoas aquele que dá a ti e aos necessitados. Não quero interromper o fluxo de tuas bênçãos em minha vida por não dar quando deveria. Sou grata por tudo que me deste, mas peço que eu não dê apenas para receber, e sim para te agradar.

Auxilia-me a compreender a libertação que acontece em minha vida quando dou, para que eu abra mão das coisas. Lembra-me "de fazer o bem", porque de tais sacrifícios tu te agradas (Hb 13.16). Auxilia-me a dar e, assim, acumular tesouros no céu que não se corrompem, pois sei que onde está meu tesouro, ali também está meu coração (Lc 12.33-34).

Em nome de Jesus, amém.

## Poder da Palavra

*Como é feliz aquele que se interessa pelo pobre!*
*O SENHOR o livra em tempos de adversidade.*
*O SENHOR o protegerá e preservará a sua vida; ele*
*o fará feliz na terra e não o entregará ao desejo dos*
*seus inimigos. O SENHOR o susterá em seu leito de*
*enfermidade, e da doença o restaurará.*
SALMOS 41.1-3

> O generoso prosperará; quem dá alívio
> aos outros, alívio receberá.
> PROVÉRBIOS 11.25

> "Tragam o dízimo todo ao depósito do templo,
> para que haja alimento em minha casa.
> Ponham-me à prova", diz o SENHOR dos
> Exércitos, "e vejam se não vou abrir as
> comportas dos céus e derramar sobre vocês
> tantas bênçãos que nem terão onde guardá-las".
> MALAQUIAS 3.10

> Jesus respondeu: "Se você quer ser perfeito, vá, venda
> os seus bens e dê o dinheiro aos pobres, e você terá um
> tesouro nos céus. Depois, venha e siga-me".
> MATEUS 19.21

> Ordene aos que são ricos no presente mundo
> que não sejam arrogantes, nem ponham sua esperança
> na incerteza da riqueza, mas em Deus, que de tudo nos
> provê ricamente, para a nossa satisfação.
> Ordene-lhes que pratiquem o bem, sejam ricos em boas
> obras, generosos e prontos para repartir. Dessa forma,
> eles acumularão um tesouro para si mesmos, um firme
> fundamento para a era que há de vir, e assim
> alcançarão a verdadeira vida.
> 1TIMÓTEO 6.17-19

CAPÍTULO 18

## *Controle seus pensamentos*

Eu achava que meus pensamentos surgiam espontaneamente, como se voassem para minha mente do mesmo jeito que os pássaros pousam numa árvore, e que eu não tinha como espantá-los. Foi só depois de aceitar o Senhor e ver o que a Bíblia ensina a esse respeito que percebi que podemos *assumir o controle* de nossos pensamentos. Na verdade, é isso que somos instruídos a fazer.

Talvez você não consiga controlar todos os pensamentos que voam até sua mente, mas *pode* controlar a permanência deles ali. Você é capaz de decidir se são apenas passageiros, ou se farão um ninho. Os pensamentos afetam toda a sua vida. É por isso que você precisa assumir o controle deles e não permitir que nenhuma ideia tacanha a domine.

Pensamentos dessa categoria podem ser perturbadores: "Sempre falho em tudo que faço. Sei que vou fracassar nisto também". Eles podem se basear em mentiras: "Ninguém me ama. Nem Deus me ama". São capazes de causar amargura: "Ainda me sinto magoada pelo que aquela pessoa me fez. Gostaria que ela sofresse assim como me fez sofrer". Podem ser imorais: "Sei que esta pessoa é casada, mas não consigo parar de pensar nela". Ou simplesmente maus: "Eu poderia ter um caso com esta pessoa e meu marido nunca saberia".

A definição para pensamentos tacanhos é "sem importância, insignificantes". Acredite em mim, é dessa exata maneira que vemos esse tipo de pensamento quando nos livramos dele. Permitimos que pensamentos como esse nos dominem por nossa falta de completude. A fragmentação de nossa alma consegue criar o ambiente perfeito para eles se desenvolverem. Quando somos libertas, tais pensamentos deixam de ser bem-vindos.

O inimigo de sua alma fará o que for preciso para invadir sua mente com as mentiras dele. Ele plantará um pensamento, um temor, uma suspeita ou uma ideia errada e a atormentará com essas coisas. O objetivo é exaurir você. E funciona. É preciso aprender a reconhecer os enganos dele para conseguir refutá-los e resistir-lhes.

A única maneira de combater as mentiras do inimigo é com a verdade da Palavra. "A noite está quase acabando; o dia logo vem. Portanto, deixemos de lado as obras das trevas e revistamo-nos da armadura da luz" (Rm 13.12). Uma forma de vestir a armadura de luz é falar em voz audível a Palavra de Deus. Podemos orar em voz alta, usando as Escrituras na oração. Outra opção é falar e cantar palavras de adoração e louvor a Deus.

É perigoso deixar que nossos pensamentos nos levem para onde quiserem. "Estendi as mãos todo dia a um povo rebelde, que anda por caminho que não é bom, seguindo os seus próprios pensamentos" (Is 65.2, RA). Não queremos ser rebeldes contra Deus, indo aonde quer que os pensamentos nos levem. Temos controle sobre eles. Podemos nos perguntar: "O que estou permitindo que entre em minha cabeça? Quais são os frutos de meus pensamentos? Meus pensamentos geram resultados positivos e elevados? Ou eles me fazem sentir mal, triste, ansiosa, temerosa, deprimida ou nervosa? Esses pensamentos vêm do Senhor? Ou parecem algo que provém do inimigo?". Com a Palavra de Deus em sua mente, você será capaz de reconhecer qualquer coisa que não condiz com ela.

### Sempre é possível mudar sua mente

Paulo disse aos coríntios: "O que receio, e quero evitar, é que assim como a serpente enganou Eva com astúcia, a mente de vocês seja corrompida e se desvie da sua sincera e pura devoção a Cristo" (2Co 11.3). Quando as coisas começam a ficar confusas ou vagas — ou quando sua mente está ansiosa, com medo, cheia de dúvida, estressada ou sobrecarregada — isso não vem do Senhor. Nunca vem. A simplicidade de Cristo é clara, positiva, pacífica, repleta de fé e calma. Não se contente com nada menos do que isso. "Pois Deus não é Deus de desordem, mas de paz" (1Co 14.33).

Sua mente pode ser renovada. Paulo declarou aos efésios: "Quanto à antiga maneira de viver, vocês foram ensinados a despir-se do velho homem, que se corrompe por desejos enganosos, a serem renovados no modo de pensar" (Ef 4.22-23). *Nós* podemos decidir nos despir das maneiras erradas de pensar e agir, do velho eu que atrai engano e desejos carnais como se fosse um ímã, e deliberadamente passar por uma renovação no modo de pensar. Podemos "revestir-[nos] do novo homem, criado para ser semelhante a Deus em justiça e em santidade" (Ef 4.24). Temos a opção de rejeitar qualquer outro espírito em nós que não seja o Espírito Santo.

Portanto, ao contrário do que eu costumava acreditar, quando nossos pensamentos começarem a voar para o sul, temos a opção de deter o processo de migração e espantá-los. Precisamos dizer: "Não, isso não acontecerá sob minha supervisão". E o motivo para podermos fazer isso é o fato de termos o Espírito Santo em nós. Podemos colocar o Espírito Santo no controle de nossa mente. Podemos rejeitar o espírito de depressão ou de dúvida, recusar o espírito de medo. Esses pensamentos provêm do inimigo das almas.

Quanto mais você conhece a Deus, lendo sua Palavra e passando tempo com ele em louvor e adoração, mais é capaz de discernir quais pensamentos vêm dele e quais vêm da carne ou do inimigo. Por exemplo, se você perceber que está pensando algo como: "Seria melhor se eu estivesse morta", conseguirá reconhecer que não se trata de uma revelação do Senhor para sua vida.

Isso não significa que você deve negar que tem pensamentos indesejáveis ou errados. Nem deve ignorá-los ou reprimi-los. É preciso examinar o que se passa em sua mente à luz das Escrituras, para verificar se seus pensamentos estão de acordo com o que Deus diz em sua Palavra.

Todas nós precisamos ser boas em resistir aos pensamentos errados. Minha mente é alvo de ataques do inimigo como a de qualquer outra pessoa. A cada livro que escrevo — e já são mais de cinquenta — o inimigo se aproxima de mim e diz: "Você não consegue fazer isso. Nunca vai terminar. Este é o último livro que escreverá". A princípio, eu suportava esses pensamentos por certo tempo antes de identificar o que estava acontecendo. Então comecei a reconhecer o mesmo padrão. Agora, quando esses pensamentos de dúvida me sobrevêm, digo: "É verdade. Eu não consigo escrever este livro. Nunca darei conta de terminá-lo. E será o último livro que escreverei se virar as costas para Deus. Mas isso não vai acontecer. Dependo por completo da ajuda do Senhor para escrever este livro. E se escreverei outro é algo que só depende dele. Mas tenho a mente de Cristo e posso todas as coisas nele, que me fortalece. Obrigada por me lembrar. E agora vou contar a meu Pai celestial tudo que você está me dizendo".

Então, dirijo-me a Deus e digo: "Senhor, muito obrigada porque me deste autoridade sobre todo poder do inimigo. Repreendo os planos dele de me atormentar com pensamentos de medo, fracasso, dúvida e depressão. Agradeço porque tu me deste a mente de Cristo. Reconheço, sim, que não sou capaz de escrever este livro sozinha. Dependo de tua inspiração, orientação, revelação e capacitação para ir além do que posso fazer por conta própria. Dedico este livro a ti e peço que fales por meio de mim, para que realizes o propósito que tens para ele".

A verdade é que seus pensamentos servem ou à carne ou ao inimigo ou ao Senhor. E a decisão é sua. Paulo disse que o mal fazia sua carne guerrear contra a mente. Perguntou quem o livraria disso e respondeu à própria pergunta dizendo: "Graças a Deus por Jesus Cristo, nosso Senhor! De modo que, com a mente, eu próprio sou escravo da lei de Deus; mas, com a carne, da lei do pecado" (Rm 7.25). Jesus é o Libertador que nos deixa livre de todo pensamento que não vem de Deus.

*Por causa de Jesus, é possível mudar sua mente!*

### Glorifique a Deus em sua mente

*A mente carnal é controlada pela carne.* Ela é inimiga de Deus, pois não sente vontade de obedecer-lhe. Se vivemos pela carne, permitindo que os pensamentos carnais estejam no controle, "não [podemos] agradar a Deus" (Rm 8.8). E acredite, você não vai querer viver de uma maneira que não agrada ao Senhor. Isso interrompe as bênçãos que ele tem para você e adia o que planejou para sua vida.

*Os pensamentos carnais nos impedem de glorificar a Deus.* "Tendo conhecido a Deus, não o glorificaram como Deus, nem lhe renderam graças, mas os seus pensamentos tornaram-se fúteis e o coração insensato deles obscureceu-se" (Rm 1.21). O único remédio garantido para isso é adorar a Deus, pois a adoração sempre inunda a mente e o coração com luz. Louve a Jesus porque, graças a ele e ao poder do Espírito Santo, você pode ser liberto dos pensamentos impuros que causam prejuízo à sua alma e a impedem de receber tudo que o Senhor planejou lhe dar.

*A despeito de sua força em Deus, o inimigo sempre tentará levar você a acreditar em uma mentira.* É apenas pela mentira que ele assume o poder sobre qualquer pessoa. O inimigo se aproximará para lhe falar coisas como: "Você é um fracasso"; "Não existe saída"; "As coisas nunca irão mudar"; "Você sempre se sentirá assim"; "Deus não se importa com você" e assim por diante. Não aceite como verdade as mentiras com as quais Satanás enche seus ouvidos. Pergunte-se: "Meus pensamentos são contrários à Palavra de Deus?". O pecado começa com um pensamento (Mc 7.21-22). As pessoas não *caem* em adultério. Tudo começa na mente. E esse é o lugar para pôr fim ao problema. Quando tiver pensamentos perturbadores ou pensamentos que sabe que não vêm do Senhor, faça o que a Bíblia diz e pense apenas em coisas *verdadeiras, nobres, corretas, puras, amáveis, de boa fama, excelentes ou dignas de louvor* (Fp 4.8). Peça a Deus que a ajude a destruir "toda pretensão que se levanta contra o conhecimento de Deus" e a levar "cativo todo pensamento, para torná-lo obediente a Cristo" (2Co 10.5).

A liberdade, a plenitude e o sucesso verdadeiro só podem ser conquistados se seus pensamentos estiverem alinhados com a verdade da Palavra de Deus.

## *Poder da oração*

Senhor, ajuda-me a destruir todo pensamento que não traz glória a ti. Capacita-me a levar cativos meus pensamentos para torná-los obedientes ao Senhor e a teus caminhos. Sei que "examinas o justo e vês o coração e a mente" (Jr 20.12). Mostra-me o que está em minha mente e em meu coração que não é agradável a ti. Revela-me qualquer mentira do inimigo que eu tenha aceitado como verdade. "Sonda-me, SENHOR, e prova-me, examina o meu coração e a minha mente" (Sl 26.2). Ajuda-me a viver com o amor, o poder e a mente sensata que me deste.

Ensina-me a verdade de tua Palavra tão bem que eu seja capaz de reconhecer uma mentira assim que ela aparecer. Sei que não poderei receber tudo que preparaste para mim se crer em mentiras sobre mim mesmo, sobre as circunstâncias ou sobre ti. Ajuda-me a calar a voz do inimigo ao pronunciar sua verdade. Dá-me clareza de pensamento para substituir qualquer confusão. Peço que tua Palavra traga discernimento a "pensamentos e intenções" do meu coração (Hb 4.12).

Capacita-me a escolher hoje encher minha mente com "o melhor, não o pior; o belo, não o feio. Coisas para elogiar, não para amaldiçoar" (Fp 4.8, A Mensagem). Ajuda-me a ter um pensamento claro e não ficar sonhando ou fantasiando. Ajuda-me também a não cultivar pensamentos de falta de perdão contra alguém e a não remoer o que aconteceu no passado.

Peço que tua paz, que excede todo entendimento, guarde meu coração e minha mente em Cristo Jesus, meu Senhor (Fp 4.7). Em nome de Jesus, amém.

---
### *Poder da Palavra*

*Não se amoldem ao padrão deste mundo,
mas transformem-se pela renovação da sua
mente, para que sejam capazes de experimentar
e comprovar a boa, agradável e perfeita
vontade de Deus.*
ROMANOS 12.2

*Tu conservarás em paz aquele cuja mente
está firme em ti; porque ele confia em ti.*
ISAÍAS 26.3, RC

*Assim, eu lhes digo, e no Senhor insisto,
que não vivam mais como os gentios, que vivem
na inutilidade dos seus pensamentos. Eles estão
obscurecidos no entendimento e separados da vida
de Deus por causa da ignorância em que estão, devido
ao endurecimento do seu coração.*
EFÉSIOS 4.17-18

*A mentalidade da carne é morte, mas
a mentalidade do Espírito é vida e paz.*
ROMANOS 8.6

*Tenham entre vocês o mesmo modo
de pensar que Cristo Jesus tinha.*
FILIPENSES 2.5, NTLH

CAPÍTULO 19

## Recuse as emoções negativas

Deus se importa com seus sentimentos e suas emoções. Ele não quer que você seja dominado por elas. A Bíblia diz que o Senhor "cura os de coração quebrantado e cuida das suas feridas" (Sl 147.3). Deus não deseja que você apenas encontre uma forma de conviver com as emoções negativas que enfraquecem sua vida, mas, sim, que se liberte delas de uma vez por todas, para se tornar a pessoa completa projetada por ele.

    Quando estamos frágeis emocionalmente e em sofrimento, não somos completas. Ser completa significa ter paz em relação a quem você é e àquilo que faz. É chegar a um lugar de paz em relação a seu passado e perceber que não precisa mais revivê-lo. Para isso, é necessário reconhecer e aceitar os bons aspectos dele e encontrar uma solução para as partes problemáticas, decepcionantes ou angustiantes. Ser completa também indica ter paz quanto ao seu presente — mesmo se sentir que nem tudo vai bem ainda — porque confia que Deus consertará as coisas. Também envolve sentir paz em relação ao futuro, por mais assustador que ele pareça. É confiar que, por ter entregado a vida ao Senhor, seu futuro está seguro nas mãos dele. Você tem a confiança de estar alinhada com a vontade e o propósito de Deus para sua vida e desfruta alegria interior por saber disso. Ao conservar uma paz como essa, você deixa de lutar com emoções negativas e descobre a liberdade, a plenitude e o sucesso verdadeiro que tanto deseja.

### POR QUE EU AINDA SOFRO?

O montante de sofrimento e fragmentação que você vivenciou no passado determinará a quantidade de cura de que necessita hoje para se tornar completa. Não importam as coisas horríveis que tenha passado, sua idade quando elas aconteceram, sua idade hoje ou quanto tempo de sua vida você gastou vivendo de forma errada em reação a elas: ainda é possível se libertar das emoções negativas. E esse tipo de liberdade só é encontrado dentro do amor de Deus. Ele é o único com poder para realizar uma obra completa de cura emocional em você.

Antes de tudo, é necessário saber que não precisa viver com dor emocional crônica ou com emoções negativas. Você não precisa sofrer o tempo inteiro. Sei disso porque tive esses sentimentos todos os dias de minha vida por mais de trinta anos. Recordo-me de sentir depressão, ansiedade, medo, sofrimento, desesperança, falta de amor, rejeição e perturbação desde que eu conseguia me lembrar. Mas Deus me livrou de todas essas coisas, uma por uma. Se eu ainda sinto essas emoções em algum momento? Sim, algumas delas, não todas. Não me sinto rejeitada nem carente de amor, porque sou aceita e amada por Deus. Posso me sentir deprimida quando ocorrem coisas deprimentes, ou ansiosa e temerosa em relação a coisas assustadoras que acontecem ao meu redor, mas não vivo assim. Entrego esses sentimentos ao Senhor e ele me liberta.

Se eu consegui ficar livre das emoções negativas, você também consegue. Nunca é tarde demais para ser liberta. A libertação não significa nunca mais ter problemas ou que jamais se sentirá receosa, deprimida ou ansiosa novamente. Significa que, quando coisas ruins acontecerem, elas não controlarão sua vida.

Para se livrar das emoções negativas, você precisa assumir o controle e dizer: "Não terei uma vida de dor e sofrimento. Deus me deu uma saída e seguirei por ela. Estou determinada a cessar todos os pensamentos errados". A liberdade da dor emocional é alcançada à medida que você dá um passo de cada vez ao lado do Senhor, e ele a ajuda a mudar seus hábitos de pensamento, sentimento e ação.

O bálsamo de Gileade mencionado na Bíblia era uma substância conhecida na região, naquela época, por suas propriedades de cura. O profeta Jeremias perguntou a Deus: "Não há bálsamo em Gileade? Não há médico? Por que, então, não há sinal de cura para a ferida do meu povo?" (Jr 8.22).

Com frequência, fazemos a mesma pergunta a Deus. "Por que ainda estou sofrendo, Senhor?" "Por que não consigo me libertar?" "Por quanto tempo mais viverei deprimida e triste?" "Por que não consigo me livrar deste medo horrível e desta ansiedade?" "Por que você ainda não me curou?"

Às vezes, a resposta a essas perguntas pode ser a mesma que Deus deu a Jeremias. Ele respondeu com a seguinte declaração: "'Eles vão de um crime a outro; eles não me reconhecem', declara o SENHOR" (Jr 9.3).

Quando você permite que o pecado encontre lugar em seu coração, não está obedecendo a Deus. E não será capaz de encontrar a liberdade, a cura e a restauração que deseja. Elas estão disponíveis, mas você precisará fazer sua parte de confessar todo pecado e reconhecer sua dependência de Deus para tudo. "Ao SENHOR declaro: 'Tu és o meu Senhor; não tenho bem nenhum além de ti'" (Sl 16.2).

## COMO ME LIVRAR DAS EMOÇÕES NEGATIVAS?

Todas nós precisamos saber como ter mais do que apenas um dia bom aqui e outro ali. Precisamos encontrar cura e restauração emocional *completas*. Precisamos entender como preencher nosso vazio e nossos locais solitários com coisas diferentes daquilo que, com o tempo, só nos deixará mais vazias e solitárias do que antes. Ficamos exaustas de lutar contra a depressão, a ansiedade, o medo, a raiva, os sentimentos de rejeição e fracasso e os pensamentos de que não fizemos o suficiente, ou de que fizemos algo errado. Somos esgotadas por autocrítica impiedosa, vergonha, confusão e carência crônica de realização. Acerca dessas coisas, Deus diz: "Em lugar da vergonha que sofreu, o meu povo receberá porção dupla, e ao invés da humilhação, ele se regozijará em sua herança; pois herdará porção dupla em sua terra, e terá alegria eterna" (Is 61.7). Essa porção dupla ilustra quem Deus é. Além de nos restaurar, ele nos dá muito mais do que esperamos.

Minha mãe costumava se referir a mim com palavrões que não ouso repetir. Percebi, muitos anos depois, que isso era parte de sua doença mental. O fato de ser trancada dentro do armário contribuiu para inúmeras emoções negativas com as quais eu lidava todos os dias. Não me lembro de ser trancada como punição específica por algo que eu havia feito; era simplesmente porque ela não me queria por perto. Minha mãe costumava dizer: "Fique aí dentro até eu suportar ver sua cara de novo".

Em anos posteriores, quando não havia mais armário físico, eu vivia num armário emocional, trancada pela dor e pelo medo no coração e na alma. Com 20 e poucos anos, provei tudo que eu julgava capaz de me livrar das emoções negativas que me paralisavam: álcool, drogas, prática do ocultismo, religiões orientais e relacionamentos prejudiciais. Tudo isso era uma tentativa de encontrar uma saída para a dor e descobrir uma razão para viver. Quando aceitei Jesus, esse foi o fim de minha busca por um futuro eterno e para o senso de propósito, mas era apenas o começo do processo de me tornar completa.

Aos poucos, a compreensão de quem Deus me criou para ser e do que fui chamada para fazer se tornou mais clara. Desenvolvi uma sensação de paz em relação a onde me encontrava na vida e tinha esperança quanto ao futuro — duas realizações que, até então, não havia alcançado. Os três passos mais importantes que dei para me livrar das emoções negativas foram colocar o Senhor em primeiro lugar, fortalecer-me com a Palavra de Deus e orar sobre todas as coisas. Você também pode fazer isso.

1. *Coloque Deus em primeiro lugar em tudo.*
Tome a decisão de colocar Deus em primeiro lugar em todas as áreas de sua vida. Isso significa colocá-lo antes de seus sentimentos. Diga: "Senhor, quero servir-te, não às minhas emoções".

2. *Fortaleça-se com a Palavra de Deus.*
   Você precisa de toda a nutrição e cura, e todo o rejuvenescimento que a Palavra de Deus pode lhe proporcionar. "A lei do SENHOR é perfeita, e revigora a alma" (Sl 19.7). Resolva alinhar seus pensamentos e suas emoções com as Escrituras. Diga: "Senhor, aquilo que dizes em tua Palavra tem maior influência em meu coração do que meus sentimentos".

3. *Ore sobre todas as coisas.*
   Não receba as emoções negativas como se fossem amigos antigos que chegaram de visita em sua casa. Elas não têm direito de fazer parte de sua vida. Conte a Deus sobre cada umas delas e peça que a liberte. A Bíblia declara: "Não andem ansiosos por coisa alguma, *mas em tudo, pela oração e súplicas, e com ação de graças*, apresentem seus pedidos a Deus. E a paz de Deus, que excede todo o entendimento, guardará o coração e mente de vocês em Cristo Jesus" (Fp 4.6-7; grifo da autora). Ore: "Senhor, recuso-me a dar espaço para emoções negativas, por isso oro para que as mandes embora. Obrigada por proteger meu coração e minha mente e por me dar paz neste processo".

Se você já lutou contra emoções negativas, saiba que Deus tem liberdade, cura e restauração para você. Hoje é um novo dia e um novo começo, e ele é um Deus de redenção. Minha jornada do cativeiro para a liberdade, da fragmentação para a plenitude e do fracasso para o sucesso verdadeiro não aconteceu da noite para o dia. Foi um passo de cada vez. Demorou catorze anos desde o dia em que aceitei o Senhor até me ver livre da dor emocional. Ainda estou no caminho de me tornar cada vez mais completa, pois esse processo dura a vida inteira. Hábitos errôneos de sentimento, ação ou pensamento demoram para mudar.

Minha oração é que o processo seja mais rápido para você. Mas se não for, continue no caminho rumo à plenitude que Deus tem para você. Não pare de dizer: "[O Senhor] restaura-me o vigor. Guia-me nas veredas da justiça por amor do seu nome" (Sl 23.3). Andar em qualquer outro caminho e em qualquer direção diferente é uma perda de tempo e um desperdício de sua vida.

### *Poder da oração*

Senhor, hoje eu recuso toda depressão, ansiedade, raiva, tristeza, todo medo e temor, porque sei que essas coisas não vêm de ti. Pelo poder do teu Espírito Santo, resisto à tentação de ver somente o mal e peço que abras meus olhos para o bem. Capacita-me a sentir tua presença a todo instante, a despeito do que aconteça. Minha vida está em tuas mãos e teu amor me sustenta. Que tua alegria cresça em meu coração e assim preencha o espaço de tudo que não vem de ti.

Peço que retires qualquer peso que esteja sobre mim. Capacita-me a respirar o ar puro do seu Espírito, que sopra para longe as nuvens escuras. Coloco meus olhos em ti, não em meus problemas ou em coisas que não são perfeitas em minha vida. Ajuda-me a considerar meus medos como um desafio que sou capaz de superar, porque tu me capacitas.

Obrigada porque não preciso viver nas trevas, pois tu és minha luz (Jo 12.46). Tiraste-me das trevas e da sombra mortal, e quebraste as correntes que me prendiam (Sl 107.14). Tu me resgataste do domínio das trevas e me transportaste para teu reino e amor (Cl 1.13). Porque és minha salvação, não preciso temer (Sl 27.1). Posso clamar a ti, que me salvarás (Sl 107.13).

Ajuda-me a te adorar com frequência. Liberta-me de todas as emoções negativas que se transformaram em hábito. Dá-me uma veste de louvor para mandar embora o espírito de opressão. Em tua presença, encontro alegria plena (Sl 16.11).

Em nome de Jesus, amém.

### *Poder da Palavra*

*O Senhor redime a vida dos seus servos;
ninguém que nele se refugia será condenado.*
Salmos 34.22

*"Farei cicatrizar o seu ferimento e curarei
as suas feridas", declara o* SENHOR.
JEREMIAS 30.17

*O Espírito do Soberano, o* SENHOR *está sobre
mim, porque o* SENHOR *ungiu-me para levar boas
notícias aos pobres. Enviou-me para cuidar dos
que estão com o coração quebrantado, anunciar
liberdade aos cativos e libertação das trevas
aos prisioneiros [...] para consolar todos os que
andam tristes, e dar a todos os que choram em
Sião uma bela coroa em vez de cinzas,
o óleo da alegria em vez de pranto, e um manto
de louvor em vez de espírito deprimido. Eles
serão chamados carvalhos de justiça, plantio do*
SENHOR, *para manifestação da sua glória.*
ISAÍAS 61.1-3

*Quando clamei, tu me respondeste;
deste-me força e coragem.*
SALMOS 138.3

*O* SENHOR *é o meu pastor; de nada terei falta.
Em verdes pastagens me faz repousar e me conduz
a águas tranquilas; restaura-me o vigor. Guia-me
nas veredas da justiça por amor do seu nome.*
SALMOS 23.1-3

CAPÍTULO 20

## *Cuide de seu corpo como se ele pertencesse a Deus*

O cuidado com o corpo é vital para se ter sucesso verdadeiro. Contudo, algumas pessoas consagradas a Deus em todas as outras partes da vida creem que o corpo é seu domínio particular e que podem fazer o que quiser com ele. Mas essa não é a opinião de Deus.

Ele criou seu corpo, sua alma, sua mente e seu espírito. Quando você aceitou Jesus, foi preenchida com o Espírito Santo. Ele habita em você, capacitando-a a cumprir o propósito divino. Seu corpo é o templo do Espírito e Deus espera que você cuide do corpo em honra a ele. "Vocês não sabem que são santuário de Deus e que o Espírito de Deus habita em vocês? Se alguém destruir o santuário de Deus, Deus o destruirá; pois o santuário de Deus, que são vocês, é sagrado" (1Co 3.16-17).

*Seu corpo é santo porque o Espírito Santo de Deus habita nele. E o Senhor destruirá qualquer que destruir o templo dele. Isso é sério.*

Deus também disse: "Meu povo foi destruído por falta de conhecimento" (Os 4.6). Creio que muitas vezes ficamos doentes e a ponto de morrer porque ignoramos o cuidado adequado do corpo. As escolhas de nosso estilo de vida e nossos hábitos nos levam para longe da vida de saúde e juventude que o Senhor nos criou para desfrutar. Temos sofrimentos físicos porque não vivemos do jeito de Deus. Precisamos aprender a cuidar de nosso corpo a fim de ter a vida que o Senhor planejou para nós.

Jesus veio trazer cura porque sabia que precisaríamos dela. Nem sempre conseguimos fazer tudo certo e nosso corpo acaba sucumbindo, mas isso não quer dizer que devemos abdicar da responsabilidade de cuidar dele.

Se você nunca aprendeu o jeito de Deus para cuidar de seu corpo, existem vários livros excelentes sobre o assunto. Leia-os e encontre um estilo de vida saudável que funcione para você. É necessário agir para se educar nessa questão. É impossível permanecer sem fazer nada e esperar viver com boa saúde.

Há muitas pessoas que conhecem a maneira certa de cuidar do corpo, mas escolhem não segui-la. Tratam mal o próprio corpo e pouco se importam com a vontade de Deus. Esse caminho é destrutivo e o fracasso é um resultado certo, por causa da desconsideração notória pelos caminhos do Senhor. Não podemos continuar nos envenenando na expectativa de que Deus nos dê o antídoto. Não é assim que funciona.

### O QUE VOCÊ PODE FAZER PARA CUIDAR BEM DO TEMPLO DE DEUS

Abaixo estão algumas sugestões simples e práticas que você pode fazer para ser uma boa mordoma do corpo que Deus lhe deu.

*Pense em seu corpo como a base de sua vida e de seu ministério*
Apresente seu corpo ao Senhor como sacrifício vivo e peça a ele que a ajude a cuidar do corpo de maneira agradável a ele. A doença afasta você da vida e dos propósitos que Deus lhe reservou. Se você cuidar direito de seu corpo, ele foi criado para se curar sozinho. Não é possível servir ao Senhor na Terra sem ele.

*Peça a Deus que lhe mostre onde você precisa de equilíbrio*
A Bíblia diz: "Quem teme a Deus evitará [...] extremos" (Ec 7.18). Você trabalha demais e não descansa o suficiente? Coloca alimentos em seu corpo que sabe fazerem mal? Não toma ar fresco, nem se expõe à luz do sol o bastante por onze meses e três semanas ao longo do ano, e depois torra no

sol por uma semana até virar um pimentão? Bebe muito refrigerante cheio de química e açúcar e pouquíssima água? Leva uma vida tão acelerada que não separa tempo para orar todos os dias? Tem tempo para a televisão, mas não para a Bíblia? Recusa-se a fazer exercícios porque acha que é um dos poucos que vão ficar bem sem eles? Permite-se continuar acima do peso sem pensar nas consequências? Jejua e ora pouco para deixar esses maus hábitos?

Se você respondeu sim a qualquer uma das perguntas acima, peça a Deus que quebre as fortalezas dos maus hábitos com o cuidado do corpo, contra as quais se vê lutando. Ele fará isso. Você não precisa enfrentar sozinha essa tarefa aparentemente esmagadora. O Senhor a ajudará, guiará e sustentará no processo.

*Peça a Deus que lhe mostre se o estresse
exerce um impacto negativo sobre você*

Ore para que Deus a ajude a eliminar o estresse ou a lidar com ele em sua vida. Peça ao Senhor que a capacite a "viver contente em toda e qualquer situação" (Fp 4.11, RA). Lembre que só Deus é perfeito e só ele é capaz de fazer as coisas com perfeição. Nós só chegamos até certo ponto e, depois disso, precisamos abrir mão. Não permita que o estresse a leve ao ponto de esgotamento e exaustão.

*Coma bem e fortaleça seu corpo*

Observar aquilo que você come já é um bom passo para se manter saudável. Se comer mal, seu corpo entrará em colapso. Deus nos deu diretrizes e alimentos para uma boa saúde e espera que sejamos responsáveis com aquilo que comemos. Dor crônica e doenças degenerativas não são a vontade do Senhor para sua vida. Peça a ele que lhe mostre o que pode ser feito para realizar mudanças em seus hábitos alimentares que promoverão a cura. Apresente seu corpo a Deus e peça a ele que a dirija às pessoas certas para ajudá-la (Rm 12.1, RA).

## Descubra o descanso de Deus

Se você não está descansando, não está obedecendo a Deus. Na verdade, um dos motivos para não dormirmos bem à noite é não vivermos segundo suas instruções ao longo do dia. Ele nos dá descanso quando vivemos de acordo com seus caminhos. O sono profundo e restaurador é extremamente importante para se ter uma boa saúde. Quando você está em paz com sua vida, come alimentos saudáveis, faz a quantidade adequada de exercícios, bebe bastante água pura, ora e jejua periodicamente, descobrirá que o sono será algo natural.

Se você se encontra no outro extremo e precisa dormir o tempo inteiro, algo está desequilibrado em seu corpo. Deus nos dá um tempo para dormir e um tempo para estarmos acordados e ativos. O corpo saudável não se confunde nesse aspecto. Além disso, se você trabalha demais e não consegue dormir à noite, algumas mudanças precisam ser feitas. A Bíblia diz: "Será inútil levantar cedo e dormir tarde, trabalhando arduamente por alimento. O SENHOR concede o sono àqueles a quem ele ama" (Sl 127.2). Ao dormir, seu corpo se purifica, se reconstrói e é restaurado. Não corte o tempo de que ele necessita para fazer bem tudo isso.

## Exercite-se com regularidade

Não conseguimos nos sentir bem quando há toxinas em nosso corpo. Uma das maiores vantagens do exercício é que ele elimina as toxinas. A falta de exercício pode ser a causa da dificuldade para dormir. A carência de sono não dá ao corpo o tempo necessário para se limpar e restaurar. Precisamos usar o corpo que Deus nos deu para permanecer saudáveis. Quando não se faz atividades suficientes, o processo de limpeza e reconstrução não acontece de forma completa. Sempre que o assunto for exercício, não fique parado.

## Separe o dia de descanso que Deus ordenou

Se Deus separou um dia de descanso para ele e disse que *nós* deveríamos fazer o mesmo, penso que deveríamos confiar nele em relação a esse assunto (Êx 20.8-10). Separe esse dia uma vez por semana e não trabalhe, não se preocupe com suas contas, não pense naquilo que precisa ser limpo ou consertado, nem se desgaste com todas as obrigações que precisa realizar. Passe esse dia com o Senhor, para que ele possa revigorar você. Dedique tempo para estar na igreja ou com sua família, tire um cochilo ou faça uma refeição com seus amigos. Reserve um tempo de sua agenda semanal para fazer o que gosta. Em tudo que fizer, inclua Deus. O dia de descanso é uma recompensa para o corpo, a mente, a alma e o espírito.

### *Agradeça a Deus pelo dom do corpo*

Não critique seu corpo por aquilo que ele não faz, não consegue ou não quer fazer; em vez disso, agradeça a Deus por aquilo que ele *pode* fazer. Seja grata ao Senhor porque você pode ver, ouvir, conversar, mover-se, andar e por tudo aquilo que é capaz de fazer.

Abandone a atitude que diz: "Este corpo é meu e faço o que quiser com ele". A verdade é que você foi comprada pelo sofrimento e pelo sangue de Jesus. Você é um vaso de barro que Deus encheu com seu espírito e usa para a glória dele. "Temos esse tesouro em vasos de barro, para mostrar que este poder que a tudo excede provém de Deus, e não de nós" (2Co 4.7). Seja grata porque seu corpo pode ser usado para a glória de Deus e coopere, cuidando bem dele.

## O QUE DEUS PODE FAZER PARA AJUDAR VOCÊ A CUIDAR BEM DE SEU CORPO

Adiante você encontra algumas coisas que Deus pode fazer para ajudá-la a ser uma boa administradora do corpo que ele lhe deu.

### *Deus pode responder às orações*

Jesus disse que tudo aquilo que pedirmos em seu nome ele fará por nós (Jo 14.13). Não tente cuidar de seu corpo sem a ajuda dele. Ore sobre todos os aspectos desse cuidado. Peça ao

Senhor que lhe mostre o que fazer e que a capacite para isso. Peça a ele que a ajude a permanecer saudável.

### Deus pode operar milagres

É Jesus quem cura. E ele realizará milagres de cura em resposta a suas orações. Mas isso não lhe dá permissão para não cuidar de seu corpo. (Leia mais sobre esse assunto no próximo capítulo.)

### Deus pode lhe dar um coração cheio de paz

A paz vem de Deus, e você deve buscá-la. Ela traz cura e rejuvenescimento. Ela exerce grande influência sobre sua saúde. "O coração em paz dá vida ao corpo" (Pv 14.30). Peça ao Senhor que a ensine a viver na paz que ele dá.

### Deus pode abençoá-la quando você anda nos caminhos dele

À medida que você caminha em obediência em relação ao cuidado de seu corpo, Deus abençoará seu progresso. "Como é feliz quem teme ao S͟ENHOR, quem anda em seus caminhos! Você comerá do fruto do seu trabalho, e será feliz e próspero" (Sl 128.1-2). Grande parte da prosperidade está relacionada a desfrutar uma boa saúde.

Quando você pedir a Deus que a ajude a cuidar bem de seu corpo, ele abrirá seus olhos para qualquer coisa que esteja fazendo de errado. "O S͟ENHOR dá vista aos cegos" (Sl 146.8). Ele lhe mostrará os passos que você precisa dar. Sirva-o, fazendo o que ele diz.

Lembre-se sempre de que seu corpo pertence ao Senhor. Tenha respeito ao corpo em respeito a Deus. Ame seu corpo por amar aquele que o criou.

## Poder da oração

Senhor, entrego meu corpo a ti para ser o templo do Espírito Santo. Ensina-me a cuidar bem dele. Mostra-me o que devo comer e aquilo que preciso evitar. Tira de mim todo o desejo por alimentos prejudiciais para mim. Dá-me equilíbrio e sabedoria. Ajuda-me a me purificar de tudo que contamina meu corpo e espírito por reverência a ti (2Co 7.1).

Capacita-me a viver nos teus caminhos, para que eu desfrute a paz que reservaste para mim. Mostra-me em quais áreas permito que o estresse desnecessário governe minha vida, e ajuda-me a dar os passos necessários para amenizá-lo. Ensina-me a simplificar minha vida, para que eu possa viver melhor e com mais saúde. Capacita-me a repousar à noite, conforme me criaste para fazer. Dá paz a meu coração, para que meu corpo seja revitalizado (Pv 14.30).

Peço-te que me capacites a não ficar "premeditando como satisfazer os desejos da carne" (Rm 13.14). Ajuda-me a fazer a quantidade necessária de exercícios, para que meu corpo fique limpo, ativo e forte. Peço-te que me reveles todos os maus hábitos arraigados que tenho em relação ao cuidado adequado do corpo, e me capacites a dar os passos necessários para me livrar deles.

Ajuda-me a amar e a apreciar meu corpo, e a não criticá-lo. Habilita-me a escolher a vida (Dt 30.19). Mesmo que minha carne e meu coração falhem, tu és a força de meu coração para sempre (Sl 73.26). Capacita-me a viver "de força em força" (Sl 84.7).

Em nome de Jesus, amém.

---

### *Poder da Palavra*

*Rogo-vos, pois, irmãos, pelas misericórdias de Deus, que apresenteis o vosso corpo por sacrifício vivo, santo e agradável a Deus, que é o vosso culto racional.*
ROMANOS 12.1, RA

*Eu te louvo porque me fizeste de modo especial e admirável. Tuas obras são maravilhosas! Digo isso com convicção.*
SALMOS 139.14

*Assim, quer vocês comam, bebam
ou façam qualquer outra coisa, façam tudo
para a glória de Deus.*
1Coríntios 10.31

*Certamente morrerá por falta de disciplina;
andará cambaleando por causa da sua insensatez.*
Provérbios 5.23

*Há caminho que parece reto ao homem,
mas no final conduz à morte.*
Provérbios 16.25

CAPÍTULO 21

## *Confie naquele que cura você*

O Senhor é um Deus de milagres. Ele é capaz de operar milagres em resposta a nossas orações. Graças a Deus pela existência dos médicos, mas até *eles* sabem que a medicina não consegue fazer tudo. Em muitas ocasiões, necessitamos do milagre da cura. E é por isso que Jesus veio para nos curar.

Se já lhe disseram no passado que Deus não mais faz milagres nos dias de hoje, perceba que não é isso que as Escrituras testificam. O Senhor declarou: "De fato, eu, o SENHOR, não mudo" (Ml 3.6). O autor de Hebreus afirmou: "Jesus Cristo é o mesmo, ontem, hoje e para sempre" (Hb 13.8). Jesus é, não Jesus *era*.

Se os milagres cessaram, por que Tiago instruiria a igreja a orar pelos enfermos? "Entre vocês há alguém que está doente? Que ele mande chamar os presbíteros da igreja, para que estes orem sobre ele e o unjam com óleo, em nome do Senhor. A oração feita com fé curará o doente; o Senhor o levantará. E se houver cometido pecados, ele será perdoado" (Tg 5.14-15).

Jesus afirmou: "Digo-lhes a verdade: *Aquele que crê em mim* fará também as obras que tenho realizado. Fará coisas ainda maiores do que estas, porque eu estou indo para o Pai" (Jo 14.12; grifo da autora). Cristo *não* disse: "Somente vocês, discípulos, que creem em mim".

Jesus também declarou: "Eu lhes asseguro que se vocês tiverem fé do tamanho de um grão de mostarda, poderão dizer a este monte: 'Vá daqui para lá', e ele irá. Nada lhes será impossível" (Mt 17.20). Existe montanha maior do que uma doença que não é curada?

Deus dá a cada um de nós uma porção de fé para começarmos a jornada (Rm 12.3), mas nossa fé *aumenta* à medida que lemos a Palavra e agimos de acordo com ela. A fé pode crescer tanto a ponto de mover montanhas. Jesus disse: "Estes sinais acompanharão os que crerem: em meu nome expulsarão demônios; [...] imporão as mãos sobre os doentes, e estes ficarão curados" (Mc 16.17-18). Não há data-limite nem prazo de validade para essas passagens bíblicas. Em nenhum lugar lemos: "Após a morte dos apóstolos, esqueça essa história de milagres. Eles não mais acontecerão".

Sua fé em Deus convida e libera o poder divino para operar em sua vida. Não tenha fé em sua capacidade de ter fé; coloque sua fé na capacidade divina de curar. Se você sente que sua fé é fraca, peça ao Senhor que a aumente. Creia que não existe nada difícil demais para Deus (Mc 10.27). Se você quer ver um milagre, aproprie-se dessa verdade bíblica até ela se tornar parte de sua mente e seu coração.

### Prepare seu coração para o milagre da cura

A seguir se encontram alguns passos que você pode dar a fim de preparar seu coração para a cura.

*Prepare seu coração lendo a Palavra de Deus e aumentando sua fé*
É possível encontrar cura simplesmente ao ler a Palavra de Deus. "Enviou a sua palavra, e os sarou, e os livrou da sua destruição" (Sl 107.20, RC). Nossa destruição pode ser a desobediência voluntária aos caminhos e à vontade do Senhor. Com muita frequência, as pessoas só oram quando algo terrível acontece e elas querem que Deus resolva. Acredito que, às vezes, uma doença séria pode nos tirar do declínio ou da apatia espiritual e nos chacoalhar em relação à desobediência.

A Palavra de Deus tem mais poder do que qualquer doença ou injúria que você esteja enfrentando. "Meu filho, escute o que lhe digo; preste atenção às minhas palavras. Nunca as perca de vista; guarde-as no fundo do coração, pois são vida para quem as encontra e *saúde para todo o seu ser*" (Pv 4.20-22; grifo da autora).

Memorize textos bíblicos sobre cura, pois eles serão vida para você. "Se a tua lei não fosse o meu prazer, o sofrimento já me teria destruído. Jamais me esquecerei dos teus preceitos, pois é por meio deles que preservas a minha vida" (Sl 119.92-93).

*Prepare seu coração por meio da oração*

Quando clamamos ao Senhor pedindo cura, ele nos ouve. Às vezes, a cura vem em seguida. Em outras ocasiões, a cura ocorre ao longo de uma demorada convalescência. Há também os casos em que não acontece da maneira que pedimos. Quando alguém não é curado em resposta à oração, não é uma prova de que Deus não cura hoje. Jesus *não* disse: "Com Deus, todas as coisas são possíveis apenas este mês, ou somente enquanto os apóstolos estiverem vivos. Depois disso, vocês estarão por conta própria".

*Prepare seu coração obedecendo aos mandamentos de Deus*

Afaste-se de tudo que se opõe a Deus e a seus caminhos. "Meu filho, não se esqueça da minha lei, mas guarde no coração os meus mandamentos, *pois eles prolongarão a sua vida por muitos anos e lhe darão prosperidade e paz*" (Pv 3.1-2; grifo da autora). Escolha ser humilde e prestar reverência a Deus. "Não seja sábio aos seus próprios olhos; tema o Senhor e evite o mal. *Isso lhe dará saúde ao corpo e vigor aos ossos*" (Pv 3.7-8; grifo da autora).

*Prepare seu coração com jejum*

Deus disse que, quando jejuamos, muitas coisas acontecem. Uma delas é a cura. "Aí sim, a sua luz irromperá como a alvorada, e prontamente surgirá a sua cura; a sua retidão irá adiante de você, e a glória do Senhor estará na sua retaguarda" (Is 58.8). Esse é um dos muitos resultados importantes do jejum, e talvez a falta dele seja o motivo de muitas pessoas ficarem doentes. (Leia mais sobre esse assunto no capítulo 27.)

## O QUE JESUS FALOU SOBRE CURA

Um cego que mendigava à beira da estrada clamou a Jesus enquanto ele passava, dizendo: "Jesus, filho de Davi, tem misericórdia de mim!". Cristo sabia que aquele homem era cego e que queria ser capaz de ver, mais do que qualquer outra coisa. Mesmo assim, perguntou: "O que você quer que eu lhe faça?". O cego respondeu: "Senhor, eu quero ver". Então Jesus disse: "Recupere a visão! A sua fé o curou" (Lc 18.38-42). Deus sabe do que precisamos e o que queremos, mas quer que peçamos. É por isso que é bom fazer orações específicas. Peça ao Senhor especificamente aquilo que você deseja na área da cura. Então, tenha fé na capacidade e no desejo divino de curar. Proclame a Palavra de Deus em relação à cura até ver que a situação foi resolvida, a despeito de quanto demore.

Sei que Deus opera milagres porque já presenciei muitos em minha vida. Já estive à beira da morte várias vezes e sobrevivi milagrosamente. Tenho certeza de que, em cada ocasião, foi a mão do Senhor que me livrou, em resposta à oração. Você precisa crer de todo o coração que nada é impossível a Deus. "Jesus olhou para eles e respondeu: 'Para o homem é impossível, mas para Deus não; *todas as coisas são possíveis para Deus*'" (Mc 10.27; grifo da autora).

A cura não é algo que *exigimos* de Deus. O Senhor não cura a todos. A decisão e o motivo para curar um e não outro é apenas dele (Jo 5.1-9). Deus é soberano e faz sua vontade. Não podemos criar uma fórmula e exigir que ele faça o que queremos. Oração não significa dizer ao Senhor o que ele deve fazer, lembra? Orar é comunicar os desejos do coração a Deus e depositá-los nas mãos dele, para que faça o que desejar. Mas o simples fato de o Senhor não curar *todos* não demonstra que ele não cura *ninguém*. Ele cura. E, quando o faz, tem um propósito para isso. Precisamos confiar nele nessa questão.

Jesus pagou o preço por nossa cura na cruz (Is 53.4-5). Ele tomou sobre si nossas enfermidades e levou nossas doenças (Mt 8.16-17). Por que ele compraria nossa cura com o sofrimento na cruz se não quisesse nos curar? "Ele mesmo levou em seu corpo os nossos pecados sobre o madeiro, a fim de que morrêssemos para os pecados e vivêssemos para a justiça; *por suas feridas vocês foram curados*" (1Pe 2.24; grifo da autora). Por que ele passaria por toda a aflição? Por que é conhecido como o médico dos médicos se não tivesse intenção de curar ninguém?

As pessoas se aproximavam de Jesus em busca de cura e imploravam que ele lhes deixasse tocar na orla de suas vestes. "E todos os que nele tocavam eram curados" (Mc 6.56). Nós também necessitamos tocar em Jesus para receber cura. A fim de tocá-lo, precisamos estar *em sintonia* com ele.

Muitas vezes, Jesus mencionou que a fé de alguém foi o instrumento da cura. Por exemplo, certa vez, um centurião pediu a Cristo que curasse seu servo, mas disse que não era necessário ele ir *até* o servo. O oficial declarou: "Dize apenas uma palavra, e o meu servo será curado" (Mt 8.8). Jesus ficou maravilhado com a fé daquele homem e respondeu: "'Como você creu, assim lhe acontecerá!' Na mesma hora o seu servo foi curado" (v. 13).

### Há poder de cura no nome de Jesus

Quando Pedro disse a um paralítico: "Em nome de Jesus Cristo, o Nazareno, ande", o homem se levantou e andou pela primeira vez (At 3.6-8). O apóstolo explicou ao povo, que assistiu maravilhado ao que acontecera, da seguinte maneira: "Pela fé no nome de Jesus, o Nome curou este homem que vocês veem e conhecem. A fé que vem por meio dele lhe deu esta saúde perfeita, como todos podem ver" (At 3.16). Pedro estava afirmando que não fora por um poder próprio que aquele homem havia recebido a cura. Foi o poder do nome de Jesus que o curou. E é a oração que direciona esse poder.

Quando você coloca sua fé em Jesus e no poder que o nome dele tem para curar, a restauração da saúde pode acontecer. Confesse que Jesus é Senhor e que lhe deu poder e autoridade no nome dele para ordenar que enfermidades e doenças vão embora. Não permita que ninguém enfraqueça sua fé em Jesus e em sua habilidade para curar falando que ele só curava as pessoas quando estava na Terra, mas não o faz hoje.

*Jesus era o médico dos médicos naquela época, é hoje e o será para sempre.*

## Poder da oração

Senhor, eu te agradeço pelo poder de cura que tu exerces em meu favor. Obrigada por enviar tua Palavra para me curar (Sl 107.20). Creio que tu, Jesus, és a Palavra viva. Pagaste o preço na cruz para comprar a cura para mim. Tomaste minhas enfermidades e levaste minhas doenças. Há cura em teu nome, e creio que és o Médico dos médicos.

Obrigada pela Palavra escrita, que ganha vida em meu coração à medida que a leio, falo ou ouço. Peço que tua Palavra em meu coração seja um remédio para o corpo. Eu te louvo, Senhor, por todas as tuas promessas de segurança, proteção e cura. Escolho crer em tua Palavra e ter fé em ti e em teu poder para curar.

Oro por saúde e cura para meu corpo. Restaura minha saúde e cura-me de todas as feridas (Jr 30.17). Aumenta minha fé em ti e em teu nome para que eu me aproprie da cura adquirida na cruz. Ajuda-me a não deixar de orar até ver a cura que tens para mim. Sei que quando tu me curas, sou completamente sarada (Jr 17.14).

Ensina-me a orar com poder e fé pela cura de outras pessoas. Orienta-me e ensina-me a te obedecer nessa área. Toda vez que eu orar por alguém, ouve minha oração e responde tocando a pessoa com teu poder de curar. Mostra-me como orar para que tu operes um milagre, não só em minha vida, mas também na vida de outras pessoas.

Em nome de Jesus, amém.

## Poder da Palavra

*Certamente ele tomou sobre si as nossas enfermidades e sobre si levou as nossas doenças; contudo nós o*

*considéramos castigado por Deus, por ele atingido
e afligido. Mas ele foi transpassado por causa das
nossas transgressões, foi esmagado por causa de nossas
iniquidades; o castigo que nos trouxe paz estava sobre
ele, e pelas suas feridas fomos curados.*
Isaías 53.4-5

*Mas para vocês que reverenciam o meu nome, o sol da
justiça se levantará trazendo cura em suas asas. E vocês
sairão e saltarão como bezerros soltos do curral.*
Malaquias 4.2

*Bendiga o Senhor a minha alma! Bendiga o Senhor
todo o meu ser! Bendiga o Senhor a minha alma! Não
esqueça nenhuma de suas bênçãos! É ele que perdoa
todos os seus pecados e cura todas as suas doenças.*
Salmos 103.1-3

*Cura-me, Senhor, e serei curado; salva-me, e serei
salvo, pois tu és aquele a quem eu louvo.*
Jeremias 17.14

*Se vocês derem atenção ao Senhor, ao seu Deus,
e fizerem o que ele aprova, se derem ouvidos aos seus
mandamentos e obedecerem a todos os seus decretos, não
trarei sobre vocês nenhuma das doenças que eu trouxe
sobre os egípcios, pois eu sou o Senhor que os cura.*
Êxodo 15.26

CAPÍTULO 22

## *Diga não à tentação*

Parte da oração do Pai-Nosso diz: "E não nos deixes cair em tentação, mas livra-nos do mal" (Mt 6.13).

Quando eu era recém-convertida, costumava questionar isso. Será que Deus realmente deixaria que caíssemos em tentação e por isso precisaríamos orar para que ele não deixasse? Contudo, ao ler mais sobre o assunto na Bíblia, percebi que não é possível tentar a Deus e ele também não nos tenta. "Quando alguém for tentado, jamais deverá dizer: 'Estou sendo tentado por Deus'. Pois Deus não pode ser tentado pelo mal, e a ninguém tenta" (Tg 1.13).

Na verdade, quando oramos o Pai-Nosso, pedimos o seguinte: "Senhor, leva-me para *longe* da tentação". É como se disséssemos: "Senhor, quando sou tentada a me desviar do rumo, preciso de tua ajuda para permanecer na direção correta. Ajuda-me a ficar longe de qualquer coisa que me tenta a me afastar de ti". Pedimos a Deus que nos dê força para enfrentar o maligno ou qualquer coisa dentro de nós que nos incita a sair do padrão moral que ele criou.

A tentação é uma sedução para praticar o mal. Deus não nos *seduz* a fazer o mal. O inimigo nos tenta no exterior; a carne nos tenta por dentro. O Senhor, por sua vez, permite que sejamos *testados* pela tentação.

A carne é nossa natureza mais inferior, na qual os desejos pecaminosos encontram espaço para se abrigar. Trata-se de nossa parte mais frágil. E muito embora o espírito deseje realizar o que é certo, ainda podemos ser vencidas por nossa fraca natureza e permitir que a tentação nos derrube. Jesus disse: "Vigiem e orem para que não caiam em tentação. O espírito está pronto, mas a carne é fraca" (Mt 26.41). Podemos ser seduzidas na carne a fazer o que é errado. A chave que Cristo nos dá para evitar isso é a vigilância e a oração.

*Precisamos estar conscientes de que podemos ser seduzidas para longe do melhor que Deus tem para nós. Portanto, precisamos ficar atentas aos sinais de que isso está acontecendo e orar para que o Senhor nos ajude a resistir.*

Quando permanecemos firmes, resistimos à tentação e suportamos o período de prova, recebemos uma recompensa de Deus. "Feliz é o homem que persevera na provação, porque depois de aprovado receberá a coroa da vida, que Deus prometeu aos que o amam" (Tg 1.12). Essa promessa de felicidade se realiza não só na vida por vir, mas nesta vida também.

Todas as vezes que estive prestes a experimentar uma importante ruptura em minha vida cristã, sofri ataques do inimigo com a tentação de crer em uma de suas mentiras ou de violar uma das leis de Deus. Sei que o inimigo vem destruir aquilo que o Senhor quer operar por meu intermédio. O que faço todas as vezes é deixar tudo de lado e me apresentar diante de Deus em oração. Peço que tire a tentação da minha vida e me liberte de seu peso. Peço que revele qualquer coisa em minha carne que abre espaço para a luta contra a tentação. Escolho acreditar que o poder do Espírito Santo em mim é muito maior do que aquilo que estou enfrentando.

*Se sentir a tentação de fazer, dizer ou pensar qualquer coisa que sabe não provir de Deus, reconheça que não terá de suportar mais do que outros já suportaram. Isso porque o Senhor não permite que você seja tentado acima de suas forças* (1Co 10.13).

## Como resistir à tentação

Estas são algumas dicas que a ajudarão a permanecer firme contra a tentação.

### A oração a ajudará a perseverar

Lucas diz que Jesus "contou aos seus discípulos uma parábola, para mostrar-lhes que eles deviam orar sempre e nunca desanimar" (Lc 18.1). Não podemos permitir que fiquemos fracas e tenhamos pensamentos que sabemos ser errados. Precisamos orar até mesmo sobre o menor indício de tentação.

Seja bastante cuidadosa quando estiver tentando ajudar alguém a resistir à tentação. Você pode acabar caindo no mesmo pecado que a pessoa a quem está tentando ajudar. Isso é parte da guerra secreta que o inimigo trava contra nós em nossa mente. Você pensa que pode impedir seus pensamentos de se transformarem em ação, mas a verdade é que não é possível *pensar* no mal e não ser pega por suas garras. O mero pensamento, se permanecer por mais de um instante, pode se hospedar em sua mente. Paulo diz: "Se alguém for surpreendido em algum pecado, vocês, que são espirituais, deverão restaurá-lo com mansidão. Cuide-se, porém, cada um para que também não seja tentado" (Gl 6.1). "Se os maus tentarem seduzi-lo, não ceda!" (Pv 1.10). Essa é a base bíblica para qualquer campanha do tipo "Diga não". A despeito das circunstâncias, ore com fervor.

### A Palavra de Deus a fortalecerá

A Palavra de Deus é um guia, uma luz no caminho certo. Ela expõe qualquer coisa que esteja errada. Dá ousadia para você resistir à tentação. Também a incentiva a permanecer firme. Aumenta sua fé para crer que Deus já garantiu sua vitória nesta batalha. A fim de resistir a qualquer tentação do inimigo, você precisa usar sua arma mais poderosa: a Palavra de Deus. Foi isso que Jesus fez e, se foi bom o bastante para ele, certamente será para você e para mim também.

Jesus estava jejuando por quarenta dias e quarenta noites quando Satanás se aproximou dele e disse: "Se és o Filho de Deus, manda que estas pedras se transformem em pães" (Mt 4.3). Satanás pensou que conseguiria tentar Cristo a comer antes da hora, mas Jesus respondeu com a Palavra de Deus. Ele disse: "Está escrito: 'Nem só de pão viverá o homem, mas de toda palavra que procede da boca de Deus'" (Mt 4.4).

O diabo resolveu tentar Jesus mais uma vez, levando-o ao pináculo do templo. Lá o desafiou a provar que era Filho de Deus atirando-se do alto. Satanás usou a Bíblia *contra* Cristo, citando: "Ele dará ordens a seus anjos a seu respeito, e com as mãos eles o segurarão" (Mt 4.6). Em outras palavras: "Vá em frente, Jesus, pule, e se você realmente for o Filho de Deus, anjos virão segurá-lo". Cristo resistiu com a Palavra de Deus: "Também está escrito: 'Não ponha à prova o Senhor, o seu Deus'" (Mt 4.7).

Satanás fez outra tentativa e ofereceu a Jesus o mundo inteiro se ele se prostrasse e o adorasse. Mais uma vez, porém, Cristo citou as Escrituras: "Retire-se, Satanás! Pois está escrito: 'Adore o Senhor, o seu Deus, e só a ele preste culto'" (Mt 4.10). Foi então que o inimigo finalmente o deixou e "anjos vieram e o serviram" (Mt 4.11).

Jesus foi tentado pelo diabo a fazer o que ele sabia ser errado. Cristo resistiu citando a Palavra de Deus. Podemos fazer o mesmo, e igual poder será manifestado. Quando o inimigo tentá-la a pecar, experimentando algo ou ganhando o mundo, cite a Bíblia.

Jesus sente empatia quando você é tentada. Clame, portanto, o nome dele e fale a Palavra de Deus diante da tentação. Ele lhe dará poder para ser vitoriosa. "Não temos um sumo sacerdote que não possa compadecer-se das nossas fraquezas, mas sim alguém que, como nós, passou por todo tipo de tentação, porém, sem pecado" (Hb 4.15). Uma vez que Cristo "sofreu quando tentado, ele é capaz de socorrer aqueles que também estão sendo tentados" (Hb 2.18).

O inimigo sempre tentará tirá-la do que caminho que Deus planejou para sua vida. Isso se aplica em especial aos momentos em que você está prestes a dar saltos espirituais — quando se dirige a algo novo que o Senhor fará em sua vida ou quando seu ministério está prestes a assumir um novo nível de eficácia.

Na verdade, já pode esperar que Satanás a tente na área em que você é mais vulnerável. Esteja preparado para isso. Encontre os versículos da Bíblia que melhor atendam à sua necessidade de resistir à tentação.

### Exemplos de textos bíblicos prontos para a batalha

*Quando sou tentada à imoralidade.*
"A vontade de Deus é que vocês sejam santificados: abstenham-se da imoralidade sexual. Cada um saiba controlar o próprio corpo de maneira santa e honrosa, não dominado pela paixão de desejos desenfreados, como os pagãos que desconhecem a Deus" (1Ts 4.3-5).

*Quando sou tentada a mentir.*
"A testemunha falsa não ficará sem castigo, e aquele que despeja mentiras não sairá livre" (Pv 19.5).

*Quando sou tentada a desobedecer a Deus.*
"Não siga pela vereda dos ímpios nem ande no caminho dos maus" (Pv 4.14).

*Quando sou tentada a ceder a pensamentos sensuais.*
"A justiça dos justos os livra, mas o desejo dos infiéis os aprisiona" (Pv 11.6).

*Quando sou tentada a pensar que ninguém ficará sabendo.*
"Nada, em toda a criação, está oculto aos olhos de Deus. Tudo está descoberto e exposto diante dos olhos daquele a quem havemos de prestar contas" (Hb 4.13).

*Quando sou tentada a seguir meus sentimentos.*
"O que confia no seu próprio coração é insensato, mas o que anda em sabedoria será salvo" (Pv 28.26, RA).

As tentações, como a luxúria ou a ganância, são uma força intensa. Não conseguimos nos livrar delas sozinhas. Recuse-se a permitir que o inimigo destrua sua vida. "Vocês se abstenham dos desejos carnais que guerreiam contra a alma" (1Pe 2.11). Não se permita desejar algo que sabe ser errado. Leve a tentação a Deus. "Assim sendo, aproximemo-nos do trono da graça com toda a confiança, a fim de recebermos misericórdia e encontrarmos graça que nos ajude no momento da necessidade" (Hb 4.16).

Jesus orou por seus discípulos, pedindo que Deus os protegesse do maligno (Jo 17.15). Quanto mais nós! Deveríamos fazer a mesma oração por nossa vida e por aqueles com quem nos importamos!

### Poder da oração

Senhor, peço-te que me afastes de toda tentação de fazer ou pensar qualquer coisa que não seja agradável a ti. Ajuda-me a sempre saber o que é certo e me capacita a fazê-lo. Protege-me de todos os ataques do maligno, que tenta me seduzir para longe do que é bom aos teus olhos. Oro para que a fraqueza de minha carne seja superada pela força e pelo poder do teu Espírito.

Escolho ser controlada por Deus, não pela carne. Sei que estou morta para o pecado, mas viva em Cristo Jesus. Portanto, não permitirei que o pecado reine em mim. Recuso-me a ceder aos desejos da carne por qualquer coisa diferente de tua vontade para minha vida. Declaro que o pecado não tem domínio sobre mim, pois, mediante teu poder e tua graça, posso resistir a ele (Rm 6.11-14). Sei que posso ficar firme se permanecer na verdade da tua Palavra. Ajuda-me a conhecer bem a Bíblia e a me lembrar dela a todo tempo.

Senhor, eu te agradeço porque não permites que eu seja tentada além do que posso suportar. Obrigada por providenciares um escape da tentação para mim (1Co 10.13). Recorro a ti, Senhor, e peço que me ajudes, pelo poder do Espírito Santo, a resistir a qualquer ataque do inimigo. Ensina-me a usar "o escudo da fé", com o qual serei capaz de "apagar todas as setas inflamadas do Maligno" (Ef 6.16).

Em nome de Jesus, amém.

───────── *Poder da Palavra* ─────────

*Não sobreveio a vocês tentação que não
fosse comum aos homens. E Deus é fiel; ele
não permitirá que vocês sejam tentados além
do que podem suportar. Mas, quando forem
tentados, ele lhes providenciará um escape,
para que o possam suportar.*
1Coríntios 10.13

*Cada um, porém, é tentado pelo próprio mau
desejo, sendo por este arrastado e seduzido. Então
esse desejo, tendo concebido, dá à luz o pecado,
e o pecado, após ter se consumado, gera a morte.*
Tiago 1.14-15

*Os que querem ficar ricos caem em tentação,
em armadilhas e em muitos desejos descontrolados e
nocivos, que levam os homens a mergulharem
na ruína e na destruição, pois o amor ao dinheiro
é raiz de todos os males. Algumas pessoas, por
cobiçarem o dinheiro, desviaram-se da fé e se
atormentaram com muitos sofrimentos.*
1Timóteo 6.9-10

*Estejam alertas e vigiem. O Diabo, o inimigo de vocês,
anda ao redor como leão, rugindo e procurando a quem
possa devorar. Resistam-lhe, permanecendo firmes na fé,
sabendo que os irmãos que vocês têm em todo o mundo
estão passando pelos mesmos sofrimentos.*
1Pedro 5.8-9

*Da mesma forma, considerem-se mortos para
o pecado, mas vivos para Deus em Cristo Jesus.
Portanto, não permitam que o pecado continue
dominando os seus corpos mortais, fazendo que vocês
obedeçam aos seus desejos. Não ofereçam os membros*

*do corpo de vocês ao pecado, como instrumentos de injustiça; antes ofereçam-se a Deus como quem voltou da morte para a vida; e ofereçam os membros do corpo de vocês a ele, como instrumentos de justiça. Pois o pecado não os dominará, porque vocês não estão debaixo da Lei, mas debaixo da graça.*
ROMANOS 6.11-14

## CAPÍTULO 23

## *Dê adeus aos relacionamentos destrutivos*

Bons relacionamentos são cruciais para o sucesso na vida. Não é possível viver bem sem eles. Já foram realizadas pesquisas sobre a importância de sistemas positivos de apoio social para analisar o impacto deles sobre a saúde. A conclusão foi que os bons relacionamentos contribuem para uma saúde melhor e para um índice de mortalidade menor. Esse é um bom motivo para orarmos a fim de que nossos relacionamentos sejam enriquecedores, edificantes, encorajadores e que glorifiquem a Deus.

A Bíblia diz que duas pessoas num bom relacionamento ou em amizade devem falar a verdade em *amor*, e não abater o outro com opiniões pessoais negativas (Ef 4.15). Um bom amigo não deve ser instável ou agir de modo que coloque em risco a sua vida e a dos que o rodeiam (Pv 24.21-22). Um bom amigo não fica irritado a todo instante (Pv 22.24-25). Descobri que muitas pessoas, em especial mulheres, suportam relacionamentos nos quais o outro é instável, nervoso, negativo e destrutivo ao bem-estar delas de modo geral.

Sabemos quando temos um bom relacionamento. E sabemos quando estamos em um relacionamento problemático. Mas nem sempre temos consciência de quanto dano nos é causado quando persistimos num relacionamento destrutivo. Conheço mulheres que, creio eu, adoeceram e morreram *porque* não puseram fim ao comportamento destrutivo que se instaurou no casamento delas. Não estou dizendo que deveriam ter se divorciado, porém não poderiam ter permitido que as coisas continuassem por tanto tempo sem enfrentar as questões tão destrutivas para elas. Pode parecer que estou culpando a vítima, mas não é isso que pretendo. Apenas sei como algumas de nós suportam a negatividade em relacionamentos por pensar que merecem isso, porque tentam ser mártires ou porque têm medo de confrontar a outra pessoa. Não é nada disso que Deus deseja para nós.

Deus é perdoador e devemos perdoar os outros assim como ele nos perdoa. Ele não diz, porém, que devemos continuar nos sujeitando ao abuso, à mágoa, à dor, ao medo ou a maus-tratos. Ele nos instruiu a dar a outra face, mas não nos orientou a permitir que outros nos deixem doentes, ansiosas, deprimidas ou traumatizadas. Podemos impedir que o pecado e a destruição que ele traz continuem.

Embora os bons relacionamentos melhorem nossa vida, os maus são muito mais prejudiciais do que pensamos. Precisamos fazer o que for possível para proteger e cuidar dos bons e parar de tolerar os ruins. Estes são os relacionamentos que deixam você constantemente triste e chateada.

Não estou dizendo que você deve se livrar de todo relacionamento que passe por um período difícil, mas, sim, que, quando um relacionamento se tornar destrutivo, coloque um fim nele. Não permita que continue dessa forma. Isso não vem de Deus e não o glorifica.

### Como sair de um relacionamento destrutivo

Se você tem um relacionamento com um amigo, familiar, vizinho, colega de trabalho ou chefe que lhe é prejudicial, precisa se separar da pessoa para ficar livre. Embora não tenha condições de controlar como as pessoas o tratam, *pode* controlar como elas *continuarão* a tratá-la.

Você não pode obrigar uma pessoa a ser diferente daquilo que ela está determinada a ser, mas *pode* sair de um relacionamento destrutivo e se recusar a permitir que alguém continue a maltratá-la e a tirar sua alegria. Se alguém faz você sentir-se mal sobre si mesma, sua família ou sua vida o tempo inteiro, entregue essa pessoa a Deus e ore por ela à distância.

Não se trata de uma desculpa para fugir de todo problema e se recusar a resolver as coisas. Em vez disso, significa abrir mão de uma situação ruim que você acredita *não ter* conserto. Sair de um relacionamento destrutivo não implica abandonar a pessoa por completo. É se recusar a permitir que ela seja destrutiva para *você*, e não mais deixá-la levar negatividade para sua vida.

Não pense, nem por um instante, que você merece ser maltratada num relacionamento. Você não merece! Não se permita ter uma carência emocional tão grande a ponto de permitir qualquer tipo de abuso. Pessoas que nunca tolerariam abuso físico às vezes não conseguem ver o abuso verbal ou emocional acontecendo. Elas sabem que se sentem mal quando estão junto da outra pessoa e conseguem perceber como as palavras do outro ferem sua alma, mas não se dão conta de que, ao permitir essas coisas, estão se deixando ser destruídas.

Aquelas de nós que cresceram em meio a relacionamentos muito destrutivos — como no caso de meu relacionamento com minha mãe — têm dificuldade de compreender o que é um relacionamento normal. Conseguimos identificá-lo nos outros, contudo não sabemos como criar um em nossa vida. Se estamos num relacionamento destrutivo, e emocionalmente fragmentadas, é ainda mais difícil ficar livres. Temos a tendência de pensar que esse é o único tipo de relacionamento que merecemos, mas isso não é verdade. A verdade é: a única forma de crescermos e nos desenvolvermos é num ambiente de amor, num lugar onde nos sentimos seguras.

Em todos os relacionamentos destrutivos, a outra pessoa não está apenas se comportando mal ou passando por um dia ruim; ela faz você se sentir mal o tempo inteiro. Se existe alguém assim em sua vida, peça a Deus que lhe mostre o que fazer a respeito. Se possível, diga à pessoa claramente como você se sente, não em forma de confronto, mas num estilo que comunique: "Venha, vamos conversar". Se a pessoa for cabeça-dura demais para ouvir, ou tiver o coração duro demais para mudar, não permaneça no relacionamento. Combater a obstinação do outro não é sua função. Nem Deus faz isso, e ele tem muito mais condições do que nós.

Apenas lembre-se: se você não for casada com essa pessoa, a boa notícia é que *você não é casada com ela*. Não precisa permanecer nesse relacionamento, nem agir como se tivesse a obrigação de fazê-lo.

## Quando o relacionamento mais difícil é com o cônjuge

É claro que, quando o relacionamento mais difícil é com o cônjuge, a situação é diferente. Você fez uma aliança com essa pessoa, fez votos de devoção, compromisso e amor diante de Deus. Por isso, deve, ao outro e ao Senhor, fazer tudo que puder para consertar as coisas. Precisa fazer o que for necessário para salvar, renovar, restaurar ou ressuscitar seu casamento porque essa é a vontade de Deus. Você deve orar para que o Senhor derrame seu Espírito em ambos, e abra-lhes o coração para o amor, a sabedoria e o propósito que ele tem para a vida dos dois.

A Bíblia nos deixa a seguinte instrução: "Aceitem-se uns aos outros, da mesma forma que Cristo os aceitou, a fim de que vocês glorifiquem a Deus" (Rm 15.7). Se um casal verdadeiramente aceitar um ao outro como Cristo os aceitou, com perdão e amor, o poder de Deus pode transformar o casamento e a vida de ambos. Mas se uma pessoa insiste em ter comportamento abusivo, as coisas mudam. Se você continuar a viver com o abusador, sempre estará pensando: "Se eu fizer isso, ele vai ficar chateado? Existe algo que eu possa dizer que não o deixará nervoso? Como será que ele vai estar hoje?".

Se estiver num casamento abusivo, não sacrifique quem Deus a criou para ser e aquilo que você sabe ser correto no Senhor por tolerar esse relacionamento. Caso o faça, isso destruirá você e seu cônjuge. Ao permitir que seu cônjuge seja abusivo, você se torna cúmplice dos pecados dele. Ore até saber o que precisa fazer. Caso sinta que está correndo perigo, afaste-se do relacionamento até que algo mude. Deus não a chamou para ser entristecida, ameaçada, agredida, prejudicada ou destruída. Saia de perto do abusador, até que seu cônjuge acorde, arrependa-se e comece a mudar drasticamente seus caminhos. Se estiver em dúvida quanto ao que fazer, procure ajuda divina e de bons conselheiros cristãos.

Não deixe seu cônjuge pecar, permitindo que ele continue a maltratá-la. Não permita que ele faça emergir o pior que há em você. Deus tem coisas melhores planejadas para os dois.

Num bom relacionamento, um deve edificar o outro e proporcionar à outra pessoa uma sensação de apoio e bem-estar. E nenhum relacionamento deve exigir tanto a ponto de deixá-la sem tempo para os outros e para seguir o chamado de Deus. Se um relacionamento a faz sofrer, peça ao Senhor que lhe mostre como agir. Sei que ele não a instruirá a ficar parado.

Peça a Deus que esteja no comando de *todos* os seus relacionamentos. Ore para que o inimigo não se infiltre em suas boas relações e para que você reconheça aquelas que estão sugando sua vitalidade e roubando sua paz. A situação é uma quando há um relacionamento que pode ser reparado. No entanto, se você sente que está se chocando vez após vez contra uma parede, pergunte ao Senhor se não é hora de dizer adeus. Vale a pena tentar restaurar alguns relacionamentos, mas outros nunca serão diferentes do que são agora e podem até piorar. Você precisa decidir se vale a pena o tempo e o esforço necessários e as pessoas que você negligenciará no processo.

## *Poder da oração*

Senhor, eu te agradeço pelas pessoas que colocaste em minha vida. Fortalece todos os meus relacionamentos. Ajuda-me a lidar com os mais difíceis de uma maneira que agrade a ti. Remove qualquer relacionamento destrutivo e sem esperança, mudando-o para melhor ou tirando a pessoa de minha vida.

Dá-me sabedoria para escolher bons amigos. Ajuda-me a nunca me relacionar com pessoas que me afastarão do caminho que planejaste para mim. Dá-me discernimento para reconhecer quando alguém não é uma boa influência.

Se existe algum relacionamento em minha vida que é destrutivo para alguma das partes, capacita-nos a mudá-lo a fim de torná-lo melhor, ou nos ajuda a deixá-lo para trás. Peço que envies para minha vida pessoas piedosas, sábias e fortes no conhecimento sobre ti. Ajuda-nos a contribuir para a qualidade da vida um do outro. Ensina-me a ser uma boa amiga para as pessoas. Capacita-me a amar os outros como amo a mim mesma (Gl 5.14).

Lembra-me de ser rápido em perdoar, em qualquer relacionamento. Dá-me a habilidade de esquecer e não guardar rancor contra ninguém. Ajuda-me a sempre demonstrar teu amor aos outros. Cura qualquer desavença que exista entre mim e outra pessoa. Mostra-me os relacionamentos pelos quais vale a pena lutar e me ajude a ver quando um relacionamento continuará a ser destrutivo, a despeito do que eu faça. Capacita-me a agir segundo a orientação do teu Espírito Santo nessa situação. Peço-te que permaneças no controle de todos os meus relacionamentos, para que eles sejam aquilo que deseja.

Em nome de Jesus, amém.

## Poder da Palavra

*Irmãos, vocês foram chamados para a liberdade. Mas não usem a liberdade para dar ocasião à vontade da carne; ao contrário, sirvam uns aos outros mediante o amor. Toda a Lei se resume num só mandamento: "Ame o seu próximo como a si mesmo".*
Gálatas 5.13-14

*O amigo ama em todos os momentos.*
Provérbios 17.17

*Não se associe com quem vive de mau humor,
nem ande em companhia de quem facilmente se ira;
do contrário você acabará imitando essa conduta
e cairá em armadilha mortal.*
Provérbios 22.24-25

*Se o sábio for ao tribunal contra
o insensato, não haverá paz, pois o insensato
se enfurecerá e zombará.*
Provérbios 29.9

*É melhor ter companhia do que estar sozinho,
porque maior é a recompensa do trabalho
de duas pessoas. Se um cair, o amigo pode
ajudá-lo a levantar-se. Mas pobre do homem que cai
e não tem quem o ajude a levantar-se!*
Eclesiastes 4.9-10

CAPÍTULO 24

## *Expresse-se de modo a trazer vida*

As palavras são importantes. Aquilo que falamos tem impacto maior do que se pode imaginar. A forma de falarmos a nosso respeito e sobre nossa vida nos afeta mais do que sabemos. E as palavras que proferimos aos outros não trazem vida e morte somente a *eles*, mas a *nós* também. "Quem guarda a sua boca guarda a sua vida, mas quem fala demais acaba se arruinando" (Pv 13.3).

Um dia, teremos de explicar todas as palavras descuidadas que já dissemos. Jesus afirmou: "Mas eu lhes digo que, no dia do juízo, os homens haverão de dar conta de toda palavra inútil que tiverem falado" (Mt 12.36). Quem quer explicar a Deus o motivo de ter falado coisas estúpidas? É melhor vigiar a língua e pedir ao Senhor que nos ajude a falar palavras que tragam vida

### Corrigindo um problema no coração

A Bíblia revela muito sobre nossa forma de falar. Em primeiro lugar, as palavras são um indicativo do estado de nosso coração. Jesus declarou: "A boca fala do que está cheio o coração" (Mt 12.34). Falar palavras que trazem cura e bênção indica um coração bom. Proferir palavras cruéis, insensíveis, enganosas, desonestas ou descuidadas, por outro lado, é sinal de um problema sério no coração.

A maneira de combater esse tipo de problema de coração é enchê-lo com a verdade, ou seja, com a Palavra de Deus. Quando falamos palavras a nós ou sobre nós que infectam nossa mente com mentiras, isso afeta nossa vida muito mais do que sabemos. Se declaramos mentiras a nosso respeito, como "Nunca vou chegar a lugar nenhum", "Não consigo fazer nada direito" ou "Não há saída para meus problemas", esse tipo de conversa interna exerce um impacto negativo sobre nós. Mesmo se não acreditarmos nessas coisas a princípio, podemos acabar nos convencendo delas. Talvez pensemos: "Mas são só palavras...". Contudo, é mais do que isso. A Bíblia afirma: "A língua tem poder sobre a vida e sobre a morte; os que gostam de usá-la comerão do seu fruto" (Pv 18.21). Tudo que dizemos promove vida ou morte em nós e naqueles com quem conversamos.

Pergunte-se se as palavras que você fala aos outros são inspiradas por Deus, por seus medos carnais, por atitudes e pensamentos negativos ou pelo inimigo. As Escrituras afirmam: "Caiu na armadilha das palavras que você mesmo disse" (Pv 6.2). Não permita que suas palavras sejam uma armadilha para fazê-la cair.

Para ter sucesso verdadeiro, é preciso declarar a verdade de Deus sobre si mesma e sobre sua vida. Para tanto, você necessita de um coração saudável em que haja fartura do amor divino. Quando seu coração for correto, também serão corretas as palavras que você falar.

### Pare com as afirmações negativas

Eu tinha o hábito de me colocar para baixo em tudo. E repeti pensamentos negativos a meu respeito vez após vez durante anos. Mas não faço mais isso. Descobri que é uma grande perda de tempo e não me leva a lugar nenhum. É algo que só me deixa triste e paralisada, como se minha vida tivesse sofrido uma interrupção.

Não faça isso! Esqueça o que outra pessoa falou a seu respeito ou lhe fez. Não permita que ela tenha tanto controle sobre sua vida. E não cutuque a ferida dizendo coisas negativas sobre si mesma o tempo inteiro. Isso não faz bem algum. Não muda nada. Em vez disso, pense no que Deus fala sobre você. Ele conta que você foi criada de maneira maravilhosa e que valeu a pena morrer em seu lugar. Ele afirma que a ama e que a criou para um propósito grandioso.

Se você costuma se colocar para baixo, peça ao Senhor que lhe mostre as coisas boas a seu respeito. Sei que isso pode parecer egocêntrico, mas não é. Na verdade, ser negativa sobre si mesmo é que demonstra egocentrismo. Além disso, é exaustivo e inútil.

Peça a Deus que lhe dê a perspectiva correta sobre você e sua vida. Agradeça a ele por tê-la criado, salvado, por amá-la e dar-lhe um propósito. Peça-lhe que a ajude a não atrapalhar a realização daquilo que ele deseja para sua vida com diálogos internos negativos. O Senhor não gosta disso. E você também não deveria gostar. Não se deve viver assim.

Uma das melhores maneiras de parar com os diálogos internos negativos é se concentrar nos outros e ajudá-los de alguma forma. Se você é uma daquelas pessoas que não consegue pensar nem em uma coisa sequer que poderia fazer para ajudar os outros por causa de tudo que vê de errado em si mesmo, deixe-me perguntar: você sabe sorrir e conversar? Você não faz ideia de quantas pessoas existem por aí cujo dia ficaria feliz e cuja vida seria melhorada se alguém simplesmente as olhasse nos olhos, sorrisse e dissesse: "Oi".

Todo mundo precisa de amor, afirmação e aceitação. As pessoas não se importam se você está acima do peso, se tem manchas na pele, se sua franja está curta demais, se não é bom em tênis, se reprovou em biologia, se foi demitida do emprego, se está devendo prestações da casa, se nunca saiu na capa de uma revista, se não tem a maior facilidade para falar do mundo ou qualquer outra coisa que a faça sentir inseguro. Elas se importarão apenas com o fato de você ter sorrido e haver demonstrado que as viu, reconhecendo sua existência, aceitando-as e aprovando-as o suficiente para gerar um sorriso genuíno e uma saudação cordial. Se souber fazer isso, não me diga que não tem um propósito e um ministério. Você não faz ideia de quanto as pessoas sofrem de solidão, tristeza e medo. Eu sei, porque era uma delas. Você tem o poder de dizer aos outros palavras que levarão vida a *elas* e também a *si mesma*. É necessário pouco esforço para falar palavras que encorajam.

A ideia que estou tentando transmitir é: não fale negativamente, nem a você nem a ninguém. Fale a verdade da Palavra e do coração de Deus. Diga palavras de amor, bondade, aceitação e ânimo aos outros. É possível comunicar tudo isso em poucas palavras gentis quando o amor divino habita em seu coração.

Quando falar consigo mesma, diga palavras de esperança em vez de expressar desespero. Em lugar de dizer: "Não há esperança para mim", fale: "Minha esperança está no Senhor. Obrigada, meu Deus, porque me deste um futuro e esperança". Profira a verdade de *Deus* para você, não seu medo, dúvida, crítica ou negativismo. Não estou dizendo que você deve brincar de fingir e nunca ser honesta quanto a seus sentimentos. Mas, por favor, não leve uma vida de negação. Isso não leva a nada. Também não estou me referindo aos momentos de humor e brincadeiras. Você não precisa ser legalista nesse aspecto. Apenas esteja ciente daquilo que está dizendo e de por que o diz.

Se você já falou palavras negativas sobre si mesma, confesse-as ao Senhor e peça a ele que retire essa atitude de você. Se disse palavras duras ou erradas sobre outra pessoa, ou então palavras que não eram necessariamente ruins, mas que não traziam vida, confesse isso ao Senhor e peça a ele que lhe dê um coração reto.

## Aprenda a falar

Na minha Bíblia, anotei à margem de uma passagem específica as palavras "Como viver". É claro que a Bíblia inteira nos ensina a viver, mas se precisássemos viver apenas de acordo com estes sete versículos — juntamente com os Dez Mandamentos — estaríamos bem todos os dias de nossa vida. Eles também se encaixariam com o título "Como falar", pois são um guia perfeito para dizer palavras que trazem vida.

*Não minta, fale a verdade.*
"Portanto, cada um de vocês deve abandonar a mentira e falar a verdade ao seu próximo, pois todos somos membros de um mesmo corpo" (Ef 4.25).

*Não deixe a raiva influenciar o que você diz.*
"Quando vocês ficarem irados, não pequem. Apaziguem a sua ira antes que o sol se ponha" (Ef 4.26).

*Não dê ao inimigo um lugar em seu coração.*
"E não deem lugar ao Diabo" (Ef 4.27).

*Fale palavras positivas e honestas, não palavras duvidosas e fraudulentas.*
"Nenhuma palavra torpe saia da boca de vocês, mas apenas a que for útil para edificar os outros, conforme a necessidade, para que conceda graça aos que a ouvem" (Ef 4.29).

*Não entristeça o Espírito Santo com aquilo que você diz.*
"Não entristeçam o Espírito Santo de Deus, com o qual vocês foram selados para o dia da redenção" (Ef 4.30).

*Não diga palavras negativas, más ou amargas.*
"Livrem-se de toda amargura, indignação e ira, gritaria e calúnia, bem como de toda maldade" (Ef 4.31).

*Que sua fala seja como a de Cristo: amorosa, boa e perdoadora.*
"Sejam bondosos e compassivos uns para com os outros, perdoando-se mutuamente, assim como Deus os perdoou em Cristo" (Ef 4.32).

## Anuncie a Palavra com coragem

Depois de serem interrogados e soltos pelo sumo sacerdote, Pedro e João foram até seus irmãos de fé e oraram juntos para que fossem capazes de falar com coragem e a fim de que Deus estendesse sua mão para curar e fazer maravilhas em nome de Jesus (At 4.23-30). Após orarem, "tremeu o lugar em que estavam reunidos; todos ficaram cheios do Espírito Santo e *anunciavam corajosamente a palavra de Deus*" (At 4.31; grifo da autora).

*O Senhor dá a nós, que cremos em seu filho, a habilidade de proferir palavras que têm o poder do Espírito Santo. Nós também podemos pedir a Deus que nos ajude a anunciar sua Palavra com coragem.*

Deus trouxe o mundo à existência por meio de sua palavra. Ele concede a você o poder de trazer seu mundo à existência por meio da palavra também. Ore para que, onde quer que você esteja, seja capaz de dizer aos outros palavras que lhes abalarão a vida e os abrirão à influência do Espírito Santo. Que as palavras que você fala tragam vida não só a você e à sua situação, mas também a todos os outros com quem você entra em contato. Ser capaz de falar a verdade de Deus com coragem é um dos pilares sobre o qual uma vida de sucesso verdadeiro é firmada.

## *Poder da oração*

Senhor Deus, ajuda-me a falar palavras que edifiquem e não derrubem, palavras que elogiem em vez de criticar, que comuniquem amor incondicional em lugar de expectativas humanas, palavras que inspirem confiança, não desconforto. Ajuda-me a ter tanta fé em teu controle sobre minha vida que eu faça "tudo sem queixas nem discussões" (Fp 2.14).

Perdoa-me pelas vezes em que proferi palavras negativas a meu respeito ou sobre qualquer outra pessoa. Enche-me de novo com teu Espírito Santo e derrama amor, paz e alegria em meu coração. Ajuda-me a sempre dizer com convicção que minha boca não pecará (Sl 17.3).

Senhor, ajuda-me a não falar palavras negativas sobre mim mesma. Toda vez que eu começar a proferir uma palavra de crítica, ajuda-me a parar imediatamente e a não continuar nessa linha de pensamento. Ensina-me a monitorar as palavras que falo aos outros. Não me deixes dizer palavras erradas que possam magoar ou diminuir alguém de alguma maneira. Ajuda-me a não ser descuidada nesse aspecto.

Ensina-me a sempre falar palavras baseadas em tua verdade e a glorificar a ti. "Que as palavras da minha boca e a meditação do meu coração sejam agradáveis a ti, Senhor, minha Rocha e meu Resgatador!" (Sl 19.14).

Em nome de Jesus, amém.

---

### *Poder da Palavra*

*Os lábios do justo sabem o que é próprio,*
*mas a boca dos ímpios só conhece a perversidade.*
Provérbios 10.32

*Há palavras que ferem como espada,*
*mas a língua dos sábios traz a cura.*
Provérbios 12.18

*O Senhor Deus me ensina o que devo dizer*
*a fim de animar os que estão cansados.*
Isaías 50.4, NTLH

*Provas o meu coração e de noite me examinas,*
*tu me sondas, e nada encontras; decidi que*
*a minha boca não pecará.*
Salmos 17.3

*Pus minhas palavras em sua boca*
*e o cobri com a sombra da minha mão.*
Isaías 51.16

CAPÍTULO 25

## *Seja santa como Deus é santo*

Talvez você esteja pensando: "Ser santa? Eu? Não consigo ser santa de jeito nenhum".

Você está completamente certa.

E absolutamente errada.

A verdade é que não tem como você ser santa *por conta própria*. Mas Deus pode torná-la santa. Jesus preparou o caminho para que isso acontecesse quando destruiu a separação que existia entre Deus e você por causa do pecado. O pecado não é compatível com a santidade do Senhor.

Deus disse a seu povo: "Sejam santos porque eu, o Senhor, o Deus de vocês, sou santo" (Lv 19.2). Mas ele não deu a ordem "sejam santos" da mesma maneira que mandamos um cachorro ficar sentado. O Senhor estendeu um convite para nós, dizendo: "Venham ser santos como eu". Mas não é possível para nós simplesmente falar: "Serei santa hoje" e pronto. Podemos ser santas apenas quando pedimos que a natureza divina nos permeie, quando nos separamos do mundo e nos alinhamos com o Senhor. Somos santificadas ao entrar em contato íntimo com a santidade de Deus.

Quanto mais olhamos para Jesus, mais nos tornamos semelhantes a ele. Quanto mais tempo passamos na presença de Deus, mais incorporamos seus atributos. Somos *"segundo a sua imagem [...] transformados com glória cada vez maior"* (2Co 3.18; grifo da autora). Trata-se de algo que *ele* faz em nós quando vivemos à *sua* maneira. Não podemos assumir o crédito por nada, pois tudo vem dele.

A *santidade não é um código exterior nem um conjunto de regras*. A pessoa santa obedece às leis de Deus, mas isso acontece de dentro para fora. Em outras palavras, o Espírito Santo *em* você a ensina, orienta e ajuda a obedecer. Do contrário, seria como se você pendurasse laranjas numa árvore e passasse a chamá-la de laranjeira. Se a vitalidade das laranjas não vem de dentro, elas não estão conectadas a nenhuma fonte de vida. Isso demonstra impossibilidade de crescimento real.

Aceitar Jesus e decorar passagens bíblicas não a torna santa. Certamente você deve fazer essas coisas, mas é apenas o começo. Deus nos orienta a ser santas assim como ele é santo. A justiça própria não alcança nada. Nossa justiça se baseia em aceitar Cristo, que é justo, e ser preenchidas com o Espírito Santo. É o Espírito Santo em nós que nos torna santas.

*Ser santa significa "ser separada".* Isso quer dizer nos separar de tudo aquilo que *não* é santo. Fazemos isso ao viver em obediência a Deus, amando-o mais do que a qualquer outra coisa. É reconhecer que tudo que o mundo tem a oferecer não é a fonte de nossa relevância. O Senhor é. Não somos tiradas do mundo, mas colocadas nele. No entanto, o mundo não é a fonte de nossa vida.

À medida que crescemos em Deus, o Espírito Santo se transforma em um corretor dentro de nós. Somos guiadas por ele e descobrimos que passamos a obedecer sem nem sequer questionar se assim queremos. E se pensamos em fazer algo errado, sentimos uma pontada inconfundível, com a precisão de um bisturi, em nossa consciência.

*Ser santa não significa ser perfeita.* Nunca conseguiremos ser perfeitas. Portanto, não deixe o perfeccionismo dominar você. Os perfeccionistas vivem frustrados porque não conseguem fazer tudo com perfeição. Sei disso porque tenho essa característica. Ficamos infelizes ao ver todas as imperfeições em nosso casamento, no trabalho, em nossa vida e no mundo. Devemos aprender a diferença entre ter ordem na vida, sem a qual não conseguimos ficar bem, e tentar tornar as coisas perfeitas, atitude que, além de *nos* deixar loucas, leva à loucura *todas as pessoas* ao nosso redor.

A boa notícia é que apreciaremos o céu de modo singular, pois lá tudo estará perfeito e em ordem o tempo inteiro. Mas, até então, precisamos aceitar o fato de que não podemos *ser* perfeitas, nem *tornar* as coisas perfeitas. E não podemos julgar a imperfeição dos outros. Precisamos estender aos outros a mesma graça que Deus nos dá. Isso abrange nosso cônjuge, filhos, patrão, amigos, membros da família e pastores. Não podemos esperar que sejam tão perfeitos quanto gostaríamos que nós mesmos fôssemos.

*Ser santa não é tão fácil quanto parece.* (Não se preocupe; sei que não parece fácil.) Mas também não é tão impossível quanto parece. Por ser filha de Deus e por ter o Espírito Santo habitando em seu interior, você pode ser santa. O Senhor se refere a você como parte de uma "nação santa" de fiéis que foram chamados das trevas (1Pe 2.9). Você foi *chamada* a se separar de toda escuridão e de todo pecado. "Como filhos obedientes, não se deixem amoldar pelos maus desejos de outrora, quando viviam na ignorância. Mas, assim como é santo aquele que os chamou, sejam santos vocês também em tudo o que fizerem" (1Pe 1.14-15). Você precisa dar passos deliberados para purificar seu modo de agir.

## Como limpar sua vida

Existem algumas atitudes que você pode tomar para abrir sua vida e seu coração à santidade de Deus.

### Peça a Deus que purifique seu coração

Quanto mais perto andamos do Senhor, mais puro se torna nosso coração, e com mais clareza o vemos. "Bem-aventurados os puros de coração, pois verão a Deus" (Mt 5.8).

### Livre-se de qualquer amarra a outra religião ou fé

Deus nos ordena claramente a não ter outros deuses além dele. Isaías fala de um caminho que todos os fiéis devem percorrer.

E somente aqueles que compartilham da santidade divina podem andar nele. "E ali haverá uma grande estrada, um caminho que será chamado Caminho de Santidade. Os impuros não passarão por ele; servirá apenas aos que são do Caminho; os insensatos não o tomarão" (Is 35.8). Isso quer dizer que, mesmo se cometermos um erro tolo, por crermos em Jesus e não estarmos amarradas a nenhum outro deus, seremos conduzidas em segurança. O texto também diz que teremos "júbilo e alegria" (Is 35.10). Isso só acontecerá se não tivermos amarras nos prendendo a outra religião ou fé.

### *Livre-se de livros ou objetos que glorificam o oculto ou outros ídolos*

Essas coisas devem ser destruídas, e não dadas a outras pessoas para comprometer e confundir a vida delas. Há espíritos associados a esses objetos, e você não quer que eles se liguem a você ou a qualquer outra pessoa. "Grande número dos que tinham praticado ocultismo reuniram seus livros e os *queimaram* publicamente" (At 19.19; grifo da autora). Peça a Deus que lhe mostre se você precisa se livrar de alguma coisa.

### *Separe-se do mundo*

Separar-se do mundo não significa que você nunca mais poderá ir a um posto de gasolina, supermercado ou restaurante. Indica que o Espírito Santo dentro de você nunca mais será colocado ao lado do espírito de escuridão do mundo. Precisamos nos limpar de toda poluição de nossa carne, mente e espírito. Devemos também buscar uma vida santa (2Co 7.1). Não é uma ordem de nunca mais nos relacionarmos com não cristãos, mas de não permitirmos que o mundo dite nossos pensamentos, crenças e ações.

### *Busque a santidade com espírito humilde*

Não podemos habitar com o Senhor se não tivermos um coração humilde. "Pois assim diz o Alto e Sublime, que vive para sempre, e cujo nome é santo: '*Habito num lugar alto e santo, mas habito também com o contrito e humilde de espírito*, para dar novo ânimo ao espírito do humilde e novo alento ao coração do contrito'" (Is 57.15; grifo da autora). Para ver Deus, precisamos almejar sua santidade. "Esforcem-se para viver em paz com todos e para serem santos; sem santidade ninguém verá o Senhor" (Hb 12.14). É impossível fazer isso sem um coração humilde.

*Adore a Deus com frequência, todos os dias*
Adorar é a ligação direta com a santidade de Deus. Quando adoramos o Senhor, em especial por ser santo, nos tornamos um vaso aberto, no qual ele pode derramar sua santidade.

Quando isso acontece, somos transformadas. A falta de santidade do mundo perde todo seu encanto. "Porque Deus não nos chamou para a impureza, mas para a santidade" (1Ts 4.7). Não se esqueça de que nos tornamos parecidas com aquilo que adoramos. Quanto mais adoramos a Deus por sua santidade, mais a santidade divina permeará nossa vida. Devemos tributar "ao Senhor a glória devida ao seu nome, adorai o Senhor *na beleza da santidade*" (Sl 29.2, RA; grifo da autora). Os anjos ao redor do trono de Deus o louvam continuamente por sua santidade (Is 6.2-3). Também devemos fazê-lo sempre que pudermos.

Quando uma grande multidão de inimigos foi guerrear contra Josafá, ele e seu povo jejuaram e oraram, pedindo a ajuda de Deus (2Cr 20.1-4). O Senhor lhes disse: "Não tenham medo nem fiquem desanimados por causa desse exército enorme. Pois a batalha não é de vocês, mas de Deus. [...] Saiam para enfrentá-los amanhã, e o Senhor estará com vocês" (2Cr 20.15,17). Então Josafá designou cantores para ir à frente do exército, louvando a Deus "*pelo esplendor de sua santidade*" (2Cr 20.21; grifo da autora). Ao fazerem isso, o inimigo foi completamente derrotado. Que grande lição para nós!

Deus a ama tanto que deseja compartilhar de si mesmo com você. Ele quer até partilhar sua santidade, a essência de quem ele é. "Não há ninguém santo como o SENHOR" (1Sm 2.2). Quando você permanece em louvor, Deus enche sua vida com a santidade dele e isso a leva a vencer as batalhas contra o inimigo.

Jesus foi santo na Terra (At 4.30). Ele estava *no* mundo, mas não era *do* mundo. E ele é nosso modelo. Cristo se dedicou inteiramente a Deus e só queria que a vontade do Senhor fosse feita. Ele morreu por nós, pagando o preço por nossa falta de santidade, e ressuscitou para ser vitorioso sobre a morte e o inferno. Além disso, enviou o Espírito Santo para ser uma garantia absoluta de que temos acesso à santidade de Deus.

Louve ao Senhor por sua santidade e deixe que ela se torne um reservatório do qual extrairá santidade para você todos os dias.

## *Poder da oração*

Senhor, ajuda-me a ser santa como tu és santo. Jesus, ajuda-me a andar como tu andaste na Terra (1Jo 2.6). Capacita-me a ser tua imitadora (Ef 5.1). Lava-me com tua santidade e purifica-me, de dentro para fora, de qualquer coisa em meu interior que não seja santa. Revela tudo que está escondido dentro de mim e de que preciso me livrar — quaisquer atitudes, pensamentos ou pecados que necessitam sair de minha vida. Afasta-me de tudo que me separa de ti. Dá-me a convicção e a força de que preciso para ficar longe de tudo aquilo que não é compatível com tua santidade em mim. "Quem é semelhante a ti? Majestoso em santidade" (Êx 15.11). Tu és poderoso e fizeste grandes coisas para mim. Santo é o teu nome (Lc 1.49).

Ajuda-me a manter continuamente um humilde coração de adoração a ti. Purifica meu coração e minha mente, para que eu compartilhe de tua santidade (Hb 12.10). Tu és digno de todo louvor, toda honra e toda glória, pois só tu és santo.

"SENHOR, tu és o meu Deus; eu te exaltarei e louvarei o teu nome, pois com grande perfeição tens feito maravilhas, coisas há muito planejadas" (Is 25.1). Canto louvores a ti e dou graças ao me lembrar de teu santo nome (Sl 30.4). Eu te adoro na beleza da tua santidade.

Em nome de Jesus, amém.

―――――――― *Poder da Palavra* ――――――――

*Amados, visto que temos essas promessas, purifiquemo-nos de tudo o que contamina o corpo e o espírito, aperfeiçoando a santidade no temor de Deus.*
2Coríntios 7.1

*Quem poderá subir o monte do Senhor? Quem poderá entrar no seu Santo Lugar? Aquele que tem as mãos limpas e o coração puro, que não recorre aos ídolos nem jura por deuses falsos.*
Salmos 24.3-4

*O Senhor jurou resgatar-nos da mão dos nossos inimigos para o servirmos sem medo, em santidade e justiça, diante dele todos os nossos dias.*
Lucas 1.74-75

*Falo isso em termos humanos por causa das suas limitações humanas. Assim como vocês ofereceram os membros do seu corpo em escravidão à impureza e à maldade que leva à maldade, ofereçam-nos agora em escravidão à justiça que leva à santidade.*
Romanos 6.19

*Porque Deus nos escolheu nele antes da criação do mundo, para sermos santos e irrepreensíveis em sua presença.*
Efésios 1.4

CAPÍTULO 26

## *Reconheça seu inimigo*

Você tem um inimigo. E não conseguirá viver na liberdade que Deus tem para sua vida se não reconhecer quem é esse adversário.

Seu inimigo é o diabo. Pode haver pessoas em sua vida que agem como ele, e outras que parecem ter sido geradas no inferno, mas não são elas suas inimigas. Satanás é que ocupa esse papel. Ele é o "deus desta era", que cega os seres humanos para a verdade, impedindo-os de ver a luz (2Co 4.3-4).

Enquanto aceitar as mentiras do diabo, que quer roubá-la, você nunca conseguirá experimentar a integridade que Deus lhe reservou. Não é possível alcançar sucesso verdadeiro quando se é incapaz de resistir ao adversário, que tenta arruinar nossa vida. A boa notícia é que não é preciso conviver com os ataques do inimigo, porque Deus é maior que qualquer coisa que Satanás use em oposição a você. O Senhor está ao seu lado (Sl 118.5). Então, eis a pergunta: se Deus é por você, quem pode fazê-la sucumbir (Rm 8.31)?

Você pode estar pensando que não deseja ter nada que ver com o diabo. Mas terá, querendo ou não. Assim como Deus tem um plano para sua vida, o inimigo também tem um. Você quer que os planos do Senhor tenham sucesso, e que os de Satanás fracassem. Isso requer entendimento da vontade de Deus e uma vida de acordo com ela, além de compreender quem é o inimigo e quais são seus planos. Jesus disse: "O ladrão vem apenas para roubar, matar e destruir; eu vim para que tenham vida, e a tenham plenamente" (Jo 10.10).

Esse texto revela tudo que precisa saber sobre *quem* está planejando *o que* para você.

O Senhor lhe deu várias armas para combater o inimigo e uma armadura de proteção para usar. Todos precisam aprender a vestir "toda a armadura de Deus, para poderem ficar firmes contra as ciladas do Diabo, pois a nossa luta não é contra seres humanos, mas contra os poderes e autoridades, contra os dominadores deste mundo de trevas, contra as forças espirituais do mal nas regiões celestiais" (Ef 6.11-12). Se você vestir toda a armadura de Deus, conseguirá resistir a qualquer coisa que o inimigo colocar em seu caminho (Ef 6.13).

A armadura de Deus não é algo que colocamos para depois nos esconder debaixo da cama. Nós a vestimos não só para fins de defesa, mas de ataque também. Embora seja verdade que a batalha contra o inimigo já foi ganha por causa do que Jesus fez na cruz, isso não quer dizer que não temos nada a fazer. Devemos demonstrar forte fé no Senhor e em sua Palavra, e devemos orar com ousadia, sem retroceder.

Faraó perseguiu os israelitas depois que eles partiram do Egito. Quando ele e seu imenso exército se aproximaram do povo de Israel às margens do mar Vermelho, os israelitas ficaram aterrorizados e clamaram a Deus. Perguntaram a Moisés por que os havia levado para morrer no deserto. Ele respondeu: "Não tenham medo. Fiquem firmes e vejam o livramento que o Senhor lhes trará hoje, porque vocês nunca mais verão os egípcios que hoje veem. O Senhor lutará por vocês; tão somente acalmem-se" (Êx 14.13-14).

Deus lutará por *nós* contra nosso inimigo também. Mas ele não espera que fiquemos à toa. Os israelitas precisaram *crer* no Senhor. *Nós* devemos fazer o mesmo. Eles precisaram pisar no fundo do mar, com uma parede de água de cada lado, e caminhar até a outra margem. Quanta fé isso deve ter exigido! Deus encontrará uma saída para nós também; porém, precisamos nos mover em fé e fazer o que ele nos ordenar. Devemos usar as armas espirituais que ele nos deu: sua Palavra, o louvor e a adoração. Necessitamos estar no lugar certo, no tempo certo, ou seja, dentro da cobertura protetora de sua vontade.

### Resista ao inimigo com a Palavra de Deus

A Palavra de Deus é a mais poderosa arma contra o inimigo. Ao descrever a armadura de Deus, sua Palavra é chamada de "espada do Espírito" (Ef 6.17). Ela corta tudo. Se você não conhece a verdade divina, não é capaz de discernir as mentiras do inimigo. Satanás rouba a Palavra de Deus de todo aquele que não a conhece com solidez (Mc 4.15). Leia Efésios 6.10-18 com frequência, para compreender sempre a armadura que o Senhor lhe deu. Nunca se canse de ler a Palavra, ciente de que o inimigo nunca se cansa de fazer o mal (1Pe 5.8).

### Resista ao inimigo com oração

Se a Palavra de Deus é nossa arma, a oração é nossa estratégia de batalha. Ela também faz parte da armadura. A oração é a luta em si. Não permita que o inimigo mantenha você lutando contra doenças, injúrias, miséria, um desastre após outro, problemas com os filhos, desafios no casamento, dificuldades financeiras e ameaças constantes ao seu bem-estar ou à sua vida. Deus lhe concedeu autoridade na oração.

Use a autoridade dada a você no nome de Jesus. "Eu lhes dei autoridade para pisarem sobre cobras e escorpiões, e *sobre todo o poder do inimigo*; nada lhes fará dano" (Lc 10.19; grifo da autora). Se você está enfrentando ataques do inimigo, declare a verdade e as promessas de Deus em suas orações. Ore sobre o que está acontecendo e agradeça ao Senhor porque ele a guardará do maligno (2Ts 3.3).

Quando a situação for séria, *jejue* e ore. O inimigo não conseguirá se opor a você por muito tempo se agir assim. É por isso que o jejum e a oração são poderosos para libertá-la das ameaças de Satanás. (Leia mais sobre esse assunto no capítulo 27.)

## Resista ao inimigo com louvor

Uma das armas mais poderosas contra o inimigo é o louvor, uma arma de guerra que convida a presença de Deus. O inimigo não consegue ficar na presença do Senhor. Ele a odeia. Isso o lembra de quando abriu mão de sua função de líder da adoração no céu porque queria se exaltar e ser como Deus. Sua queda foi grande e ele sabe que está derrotado, mas conta com a possibilidade de pessoas como eu e você não saberem desse fato.

Já sofri incontáveis ataques do inimigo em áreas da saúde, da mente, do casamento, dos filhos, das emoções, do trabalho e assim por diante. Toda vez que isso acontece, peço ao Senhor que me mostre tudo que preciso saber em relação àquilo que está ocorrendo. Declaro a Palavra de Deus e depois adoro ao Senhor de *todas as maneiras* e por *todos os motivos* que consigo pensar. Eu o louvo por quem ele é e por tudo aquilo que fez. Em todas as ocasiões, a adoração e o louvor quebram a fortaleza que o inimigo tenta construir em minha vida. "Clamo ao Senhor, *que é digno* de louvor, e estou salvo dos meus inimigos" (Sl 18.3; grifo da autora).

## Resista ao inimigo permanecendo na vontade de Deus

Submeter a vida a Deus e viver em obediência a seus caminhos é algo poderoso. "Submetam-se a Deus. Resistam ao Diabo, e ele fugirá de vocês" (Tg 4.7). Se o inimigo a atacar, peça ao Senhor que lhe mostre se há áreas em sua vida que não estejam em obediência aos caminhos ou à vontade dele. Lembre-se de que todos os caminhos de Deus são para seu benefício (Sl 19.19).

Com isso em mente, se estiver vivendo em obediência, o melhor que pode fazer é permanecer na vontade do Senhor em tudo quanto sabe, não permitindo que o inimigo a culpe por aquilo que *ele* faz. Uma das estratégias favoritas de Satanás é encher as pessoas de culpa e condenação, e ele derramará esses sentimentos sobre sua vida enquanto você aceitá-los.

Não se esqueça de que, quando anda com Deus e segue seus caminhos, você está do lado vitorioso. É claro que, ao andar fora da vontade do Senhor, você sai da proteção divina e abre espaço para o inimigo entrar. Se isso acontecer, lembre-se do lado que *você está* e volte a se aliar a Deus.

### Peça a Deus que lhe mostre
### o que está acontecendo de verdade

Quando algo perturbador estiver acontecendo e você não tiver certeza do que se passa, peça a Deus que lhe mostre se a dificuldade faz parte do plano que *ele* tem para sua vida ou se é um ataque do inimigo. Não saia colocando a culpa em si mesma, em seu cônjuge, chefe ou vizinho. Pode se tratar de algo que vem diretamente do campo inimigo. Ore para que seus olhos se abram à verdade. Peça ao Senhor que a ajude a discernir o que está enfrentando.

Quanto mais você conhecer Deus e sua Palavra, e quanto mais perto dele caminhar, mais rapidamente conseguirá descobrir um ataque e identificar o inimigo. O Senhor não traz algo ruim para sua vida (Sl 25.8). Ele nunca destrói, causa problemas, ou provoca conflitos entre você e seu cônjuge. Isso é obra do inimigo.

Você também deve aprender a discernir entre oposição *espiritual* e oposição *humana*. Embora Satanás exista no reino espiritual, ele pode se manifestar por meio de alguém que acredita em suas mentiras. A oposição humana acontece porque as pessoas, em ignorância, permitem se transformar numa ferramenta do inimigo. Se você não compreender isso, pode desperdiçar tempo lutando contra uma ou mais pessoas em vez de guerrear contra o inimigo, como deveria.

Se estiver enfrentando tremenda oposição de outra pessoa, combata no reino espiritual. Muitas vezes, a batalha pode ser resolvida ali. Descobri que essa verdade se aplica de maneira especial ao casamento. Se os casais que brigam percebessem a frequência com que as ações e palavras de uma das partes ou de ambas é inspirada pelo inimigo, veriam que estão sendo usados como peões de Satanás. Deus quer que seu casamento seja feliz; o inimigo deseja vê-la destruída. "Embora vivamos como homens, não lutamos segundo os padrões humanos. As armas com as quais lutamos não são humanas; pelo contrário, são poderosas em Deus para destruir fortalezas" (2Co 10.3-4).

Deus disse a Jeremias: "Clame a mim e eu responderei e lhe direi coisas grandiosas e insondáveis que você não conhece" (Jr 33.3). Todos nós precisamos desse tipo de iluminação no reino espiritual para compreender o que estamos enfrentando e a força que o Senhor faz em nosso favor. A fim de orar com maior eficácia, pergunte a Deus o que você precisa saber, para ter a percepção do *motivo* pelo qual está orando, e *como* ele deseja que você ore.

Jesus veio para derrotar o inimigo e foi isso que ele fez. "Para isso o Filho de Deus se manifestou: para destruir as obras do Diabo" (1Jo 3.8). Uma vez que ele é seu Salvador, não é preciso viver com medo do que o inimigo pode atentar contra sua vida. Apenas permaneça junto a Deus e dependa do poder dele em seu favor. "Nunca o deixarei, nunca o abandonarei" (Hb 13.5). Contudo, mantenha sempre as armas prontas.

## *Poder da oração*

Senhor, eu te agradeço por teres me livrado do inimigo. Obrigada, Jesus, porque vieste para "destruir as obras do Diabo" (1Jo 3.8) e já venceste a batalha. Ajuda-me a não ser enganada pelo enganador. Abre meus olhos para a verdade, a fim de que eu identifique as mentiras de Satanás. Sei que "ainda que eu passe por angústias, tu me preservas a vida da ira dos meus inimigos; estendes a tua mão direita e me livras" (Sl 138.7).

Ajuda-me a ser sábia "em relação ao que é bom", pois sei que tu, o Deus da paz, esmagarás Satanás debaixo de meus pés em breve (Rm 16.19-20). Ajuda-me a vestir "toda a armadura de Deus", para permanecer firme durante os ataques do inimigo (Ef 6.13).

Senhor, mantém-me ciente de quando Satanás está atacando. Fortifica-me em tua Palavra e ensina-me a orar a todo tempo para não ser pega desprevenida. Ajuda-me a nunca dar "lugar ao diabo", em desobediência a teus caminhos (Ef 4.27). Ajuda-me a me submeter a ti e a resistir ao adversário, de modo que ele fuja de mim (Tg 4.7). Capacita-me a permanecer em tua vontade, para que eu nunca saia da esfera de tua proteção. Ensina-me a transformar a adoração em minha primeira reação aos ataques do inimigo. Eu te louvo, Senhor, porque me livraste "de todas as minhas angústias, e os meus olhos contemplaram a derrota dos meus inimigos" (Sl 54.7).

Em nome de Jesus, amém.

## Poder da Palavra

*Estejam alertas e vigiem. O Diabo, o inimigo de vocês, anda ao redor como leão, rugindo e procurando a quem possa devorar.*
1 PEDRO 5.8

*Não se alegre a minha inimiga com a minha desgraça. Embora eu tenha caído, eu me levantarei. Embora eu esteja morando nas trevas, o Senhor será a minha luz.*
MIQUEIAS 7.8

*Assim o digam os que o SENHOR resgatou, os que livrou das mãos do adversário.*
SALMOS 107.2

*"Não por força nem por violência, mas pelo meu Espírito", diz o SENHOR dos Exércitos*
ZACARIAS 4.6

*Odeiem o mal, vocês que amam o SENHOR, pois ele protege a vida dos seus fiéis e os livra das mãos dos ímpios.*
SALMOS 97.10

## CAPÍTULO 27

### *Jejue e ore para vencer*

O jejum e a oração ao Senhor consistem numa das coisas mais poderosas a se fazer. Creio que se trata de uma disciplina espiritual tão importante que não vejo como seria possível vivenciar liberdade total, plenitude completa e sucesso verdadeiro sem ela.

Jejuar é tomar a decisão de não comer por um período específico para dar as costas àquilo que sua carne mais deseja e colocar Deus no centro de tudo. O jejum a leva a um conhecimento maior do Senhor e abre caminho para uma atuação mais poderosa do Espírito Santo em sua vida.

Mais de 25 ótimos motivos para jejuar podem ser encontrados em Isaías 58, e qualquer um deles já seria razão suficiente para aderir a essa disciplina espiritual. Somente no versículo 6, há quatro grandes motivos:

1. *"Soltar as correntes da injustiça"*.
Sempre que o inimigo prender você, o jejum a soltará e operará liberdade *em* sua vida. É como se o Espírito Santo derramasse óleo da unção sobre você, e o inimigo não conseguisse segurá-la. Por meio do jejum e da oração, você encontrará liberdade de forma mais rápida e completa.

2. *"Desatar as cordas do jugo"*.
O jejum é o caminho para nos livrar de qualquer jugo que carreguemos. Todos os dias, pode haver jugos sobre nossos ombros que não fomos criadas para carregar. O jejum

acompanhado de oração é a melhor maneira de levantar esses pesos.

3. *"Pôr em liberdade os oprimidos"*.
Há libertação quando você jejua. Mesmo se ela não ocorrer durante o jejum em si, a oração e o jejum abrem caminho para isso.

4. *"Romper todo jugo"*.
Romper o jugo significa liberdade de qualquer restrição colocada em você pelo inimigo, pelos outros ou por sua compreensão limitada do que de fato é a liberdade em Cristo. Existe um ponto de interrogação no final porque o versículo inteiro é uma pergunta. Deus está perguntando: "Não é isso que eu, o Senhor, quero ver acontecendo quando você jejuar?".

Deus está dizendo que não quer que jejuemos apenas para que nossa voz seja ouvida, mas, sim, para nos humilhar diante dele a fim de que ele realize essas coisas em nossa vida (Is 58.4-5). "'Agora, porém', declara o Senhor, 'voltem-se para mim de todo o coração, com jejum, lamento e pranto'" (Jl 2.12).

O jejum é uma das ferramentas espirituais mais poderosas em minha vida. Nunca aconteceu de eu jejuar, orar e não vivenciar algum tipo de ruptura em minha vida ou na vida das pessoas por quem estava orando. Jesus disse que existem algumas espécies de amarras espirituais que só podem ser eliminadas por meio do jejum (Mc 9.29). Creio que esse foi um aspecto extremamente importante da minha libertação. Todos os motivos para o jejum que citei acima, com base em Isaías 58.6, descrevem com pontualidade o que aconteceu comigo de maneira inegável. Desde então, o jejum periódico tem influenciado todas as áreas do meu ser físico, mental, emocional e espiritual. E fará o mesmo por você.

Quando quiser minar qualquer plano do maligno que estiver tentando construir uma fortaleza em sua vida, ou desejar que um jugo seja tirado de seus ombros, ou sentir necessidade de liberdade e ruptura — não só em sua vida, mas também na vida das pessoas que ama — o jejum e a oração realizarão tudo isso.

## O JEJUM É UM PASSO DE OBEDIÊNCIA

O jejum precisa ser acompanhado de oração; do contrário, você apenas estará numa dieta muito radical. Você se priva do alimento por um período específico a fim de se dedicar à oração e se concentrar em Deus. Do mesmo modo que a Bíblia não é simplesmente um livro de histórias, o jejum não é apenas uma prática antiga para a qual olhamos e agradecemos ao Senhor por não precisar mais cumprir. Ela é tão relevante e crucial para uma vida de sucesso verdadeiro como sempre foi. Jesus disse: "*Quando* jejuarem" (Mt 6.16; grifo da autora). Ele não falou: "Se *algum dia sentirem vontade* de jejuar".

Deus sabe que o maior prazer de todos nós é comer. Ninguém sente *vontade* de parar de comer e se negar, mas, quando fazemos isso, damos um passo de obediência ao Senhor para sua glória e mostramos a nosso corpo quem está no controle. O jejum quebra o domínio do inimigo sobre sua vida, a fim de livrá-la de qualquer coisa que a amarre. Por exemplo, maus hábitos de saúde, processos de pensamento obsessivo e emoções negativas podem ser quebrados por meio do jejum e da oração. Essa tem sido minha experiência pessoal.

O jejum a ajuda a ganhar força espiritual, a limpar seu coração e lhe dá clareza. Você pode receber revelação de Deus que a dará o conhecimento necessário para solucionar problemas específicos. À medida que se aproximar do Senhor, você o ouvirá falando a seu coração sobre a direção correta para sua vida. Ou enxergará a maneira de superar uma situação difícil. "Jejuamos e suplicamos essa bênção ao nosso Deus, e ele nos atendeu" (Ed 8.23).

Quando tiver necessidade de resistir a pecados ou tentações de qualquer tipo, o jejum quebrará a corrente de encanto sobre você. Se sua vida parecer fora de controle, o jejum e a oração a colocarão de volta sob o controle do Senhor, eliminando a confusão. À medida que jejuar e orar, ou depois que o jejum terminar, você sentirá o poder de Deus fluindo com mais intensidade em seu interior. O jejum acompanhado de oração é um dom e um privilégio concedido pelo Senhor, e influenciará positivamente todos os aspectos de sua vida. Nem sempre você sentirá o *desejo* de jejuar, mas, toda vez que o fizer, ficará muito feliz por causa da vitória espiritual incrível que vivenciará.

## O QUE FAZER DURANTE UM JEJUM RÁPIDO

Neste livro, abordarei apenas os jejuns rápidos de 20 a 36 horas. Se Deus a chamar a jejuar mais tempo, procure um livro específico sobre o assunto para ter orientações de como realizá-lo com êxito.

Antes de tudo, ore sobre o jejum. Pergunte a Deus quanto tempo deve jejuar. Peça ao Espírito Santo que a conduza na prática, a fim de que você aproveite esse período para orar sobre coisas nas quais não pensaria de outra maneira. "Se vocês são guiados pelo Espírito, não estão debaixo da Lei" (Gl 5.18).

Se você é novo nessa prática, comece apenas jejuando durante o período de uma refeição. Use o tempo para orar. Não fique impaciente esperando resultados. Não diga: "Estou jejuando há 45 minutos e ainda não sinto que nenhuma fortaleza maligna de Satanás foi quebrada em minha vida". Dê tempo a Deus. Talvez você não perceba nada durante o jejum e só comece a ver os resultados nos dias ou nas semanas seguintes.

Quando estiver jejuando, beba muita água pura. Caso se sinta fraco, prepare um caldo de legumes. Coloque uma cebola, uma batata, duas cenouras e dois talos de salsão (todos limpos, descascados e cortados em pedaços) numa panela com um ou dois litros de água. Deixe cozinhar por cerca de uma hora antes de tomar o caldo. É preciso estar saudável e forte para jejuar, e o caldo poderá ajudá-la. Com o tempo, você não necessitará mais dele.

Deus sabe o que você é capaz de fazer, então faça o que pode. Se você só consegue jejuar uma refeição por semana tomando o caldo de legumes, faça isso. O importante é negar a si mesma aquilo que sua *carne* deseja a fim de fazer o que *Deus* quer. "Provem, e vejam como o Senhor é bom. Como é feliz o homem que nele se refugia!" (Sl 34.8).

Toda vez que você jejuar, leia Isaías 58.6-14. Incluí o texto no final deste capítulo. Nessa passagem, Deus descreve o tipo de jejum que deseja e o que quer realizar por meio dele. Os versículos a lembrarão do motivo primário do jejum e do que deve fazer enquanto jejua. Além disso, revelarão quais serão suas recompensas. Por exemplo: "prontamente surgirá a sua cura", "você clamará ao Senhor, e ele responderá", ele "o guiará constantemente", "satisfará os seus desejos", "fortalecerá os seus ossos" e muito mais (Is 58.8-11). Toda vez que leio essa parte da Bíblia, inspiro-me mais uma vez a jejuar, de maneira ainda mais profunda. Sei que o mesmo ocorrerá com você.

Se tudo que precisa ser realizado na vida pudesse ser feito sem jejum, por que então Jesus teria jejuado? Se houve alguém que talvez não tivesse necessidade de jejuar, essa pessoa seria Jesus. Mas ele sabia que o jejum era a única maneira de ver algumas coisas acontecerem. Depois de voltar do jejum de quarenta dias, Cristo deu início a seu ministério de cura e milagres. Se ele precisou jejuar, quanto mais nós, para realizarmos um ministério poderoso!

O jejum prepara você para um toque novo de Deus em sua vida. Muitos grandes personagens da Bíblia jejuaram logo antes de um grande avanço espiritual. O mesmo acontecerá com você. Você está pronta para progredir?

## *Poder da oração*

Senhor, eu te peço que me ajudes a jejuar e orar para tua glória. Capacita-me a deixar de lado minha atividade preferida — comer o alimento que providenciaste para mim — para te exaltar acima de tudo em minha vida. Mostra-me com que frequência e por quanto tempo devo jejuar, e me habilita para fazê-lo. Ajuda-me a ficar bem e forte o suficiente para jejuar da maneira que desejas para mim.

Muito obrigada porque, quando jejuo, tu quebras as fortalezas do inimigo em minha vida e soltas todas as correntes da maldade. Peço que estilhaces qualquer pensamento errado ou obsessão dentro de mim. Liberta-me dos fardos pesados que tenho carregado. Quebra todo jugo de opressão em minha vida. Mostra-me sobre quem e o que orar enquanto estiver jejuando. Revela-me formas de orar que ainda não compreendo.

Ajuda-me a fazer o possível para ajudar os outros e alimentar os famintos. Mostra-me de que maneira estender a mãos aos aflitos e sofredores. Ajuda-me a honrar o sábado — teu santo dia — fazendo aquilo que honra a ti, sem seguir os meus caminhos e fazer o que quero. Ajuda-me a querer o que *tu* queres.

Obrigada porque, enquanto jejuo, tu cuidas dos detalhes de minha vida e me orientas. Sou grata porque minha "luz irromperá como a alvorada" e "prontamente surgirá a [minha] cura" (Is 58.8). Obrigada porque, quando clamo, tu respondes (Is 58.9).

Em nome de Jesus, amém.

---

*Poder da Palavra*

*O jejum que desejo não é este: soltar as correntes da injustiça, desatar as cordas do jugo, pôr em liberdade os oprimidos e romper todo jugo? Não é partilhar sua comida com o faminto, abrigar o pobre desamparado, vestir o nu que você encontrou, e não recusar ajuda ao próximo? Aí sim, a sua luz irromperá como a alvorada, e prontamente surgirá a sua cura; a sua retidão irá adiante de você, e a glória do* Senhor *estará na sua retaguarda. Aí sim, você clamará ao* Senhor*, e ele responderá; você gritará por socorro, e ele dirá: Aqui estou. Se você eliminar do seu meio o jugo opressor, o dedo acusador e a falsidade do falar; se*

*com renúncia própria você beneficiar os famintos
e satisfizer o anseio dos aflitos, então a sua luz
despontará nas trevas, e a sua noite será como o
meio-dia. O S*ENHOR *o guiará constantemente;
satisfará os seus desejos numa terra ressequida pelo sol
e fortalecerá os seus ossos. Você será como um jardim
bem regado, como uma fonte cujas águas nunca faltam.
Seu povo reconstruirá as velhas ruínas e restaurará
os alicerces antigos; você será chamado reparador de
muros, restaurador de ruas e moradias.* [...]
*É o* SENHOR *quem fala.*
ISAÍAS 58.6-12,14

CAPÍTULO 28

## Permaneça firme em tempos difíceis

As situações mais difíceis que enfrentamos estão ligadas a doenças, injúrias, problemas financeiros, conflitos conjugais, dificuldades de relacionamento, desafios no trabalho e — o pior — à morte de alguém que amamos ou à aproximação de nossa própria morte. Precisamos saber que Deus está conosco durante esses momentos terrivelmente perturbadores. Necessitamos ter certeza de que conseguiremos nos manter firmes, a despeito do que esteja acontecendo.

No livro O *poder da fé em tempos difíceis*,* falo sobre como devemos aprender a andar com Deus em total confiança, mesmo durante os momentos mais sombrios da vida. O Senhor requer de nós o primeiro passo em direção a ele. Precisamos nos aproximar dele e dizer: "Meu Deus, dependo de ti. Orienta-me no caminho que devo seguir". Quando fazemos isso, ele nos coloca no rumo certo, nos aponta para a direção correta e aplaina os lugares tortuosos. O Senhor nos mantém em movimento e impede que andemos em círculos, para que não tenhamos de enfrentar vez após vez os mesmos problemas. Então, ao darmos um passo de cada vez, segurando na mão de Deus, ele nos conduz aonde precisamos ir.

O problema é que muitas vezes nos esquecemos de segurar na mão de Deus e de depender dele a cada passo. Pensamos que, se o Senhor simplesmente nos ajudar a superar essa barreira, conseguiremos assumir daí em diante. Mas um dos

\* São Paulo: Mundo Cristão, 2002.

motivos por que Deus nos permite passar por situações difíceis é para que *aprendamos* a depender dele. Quando aprendemos, conseguimos permanecer firmes em tempos difíceis.

Temos a tendência de pensar que depender do Senhor é um sinal de fraqueza da nossa parte. E isso é verdade! Trata-se, porém, de uma *boa notícia*. Quando reconhecemos que não temos o necessário para chegar aonde precisamos, mas que *Deus o tem*, começamos a entender o que é a verdadeira liberdade. À medida que andamos com o Senhor, ele nos faz superar qualquer coisa.

O mais incrível é que, quando andamos perto de Deus, até mesmo os momentos mais difíceis de nossa vida têm um aspecto positivo. Algumas situações podem parecer tão horríveis que o único bem que vemos nelas é a oportunidade de nos apegar ao Senhor e ter uma percepção mais profunda de sua presença. Mas esses momentos são preciosos. A chave é procurar Deus na situação. Por mais sombria que a circunstância se torne, o Senhor nos dará a luz de que precisamos para o próximo passo. Ele suprirá o necessário para o momento que vivemos.

### Como permanecer firme em tempos difíceis

Deus nos ensina a caminhar com ele, a depender dele a cada passo. Ele também nos mostra como permanecer firmes quando sobrevêm desafios que ameaçam nos destruir. Estas são algumas formas confiáveis de permanecer firme em tempos difíceis:

*Permaneça no que você sabe ser a verdade sobre o Senhor.*
"É preciso que prestemos maior atenção ao que temos ouvido, para que jamais nos desviemos" (Hb 2.1).

*Permaneça na Palavra de Deus.*
"Os poderosos perseguem-me sem motivo, mas é diante da tua palavra que o meu coração treme" (Sl 119.161).

*Permaneça em obediência a Deus.*
"O mau se enreda em seu falar pecaminoso, mas o justo não cai nessas dificuldades" (Pv 12.13).

*Permaneça ciente de que você pode cair.*
"Assim, aquele que julga estar firme, cuide-se para que não caia!" (1Co 10.12).

*Permaneça na vontade de Deus.*
"Epafras, que é um de vocês e servo de Cristo Jesus, envia saudações. Ele está sempre batalhando por vocês em oração, para que, como pessoas maduras e plenamente convictas, continuem firmes em toda a vontade de Deus" (Cl 4.12).

*Permaneça doando de si aos outros.*
"O homem nobre faz planos nobres, e graças aos seus feitos nobres permanece firme" (Is 32.8).

*Permaneça longe do mal.*
"Passada a tempestade, o ímpio já não existe, mas o justo permanece firme para sempre" (Pv 10.25).

*Permaneça no que você sabe ter procedido do Senhor.*
"Permaneçam firmes e apeguem-se às tradições que lhes foram ensinadas, quer de viva voz, quer por carta nossa" (2Ts 2.15).

*Permaneça corajosa na fé.*
"Estejam vigilantes, mantenham-se firmes na fé, sejam homens de coragem, sejam fortes. Façam tudo com amor" (1Co 16.13-14).

*Permaneça certa de que sua casa não está dividida.*
"Se uma casa estiver dividida contra si mesma, também não poderá subsistir" (Mc 3.25).

*Permaneça no conselho de Deus e no que ele falou ao seu coração.*
"Meu propósito permanecerá em pé, e farei tudo o que me agrada" (Is 46.10).

## Vença as tempestades da vida

Quando você se encontrar no meio de uma tempestade, pergunte a Deus: "Estou nesta tempestade porque fiz algo errado?"; "É um ataque do inimigo?"; ou "Está acontecendo porque estou seguindo tua vontade e tu estás usando a tempestade para teu propósito?". A resposta que discernir em seu coração a ajudará a formar uma imagem mais clara do que está acontecendo de verdade.

Se uma tormenta estiver assolando sua vida, ore e leia mais a Bíblia. Fique firme na fé. Procure, ao seu redor, outros que também estejam sofrendo e ore por eles. Não se desanime porque parece não haver esperança. Deus pode abrir caminhos no deserto.

O Senhor abriu o mar Vermelho e criou um caminho para os israelitas atravessarem em terra seca. Ele os conduzia durante o dia por meio de uma nuvem — mesmo no deserto havia uma nuvem para proporcionar sombra — e à noite o povo contava com o fogo para ter luz. Quando faltou água, "da pedra fez sair regatos e fluir água como um rio" (Sl 78.12-16). Deus providenciou aquilo de que os israelitas precisaram num lugar em que parecia impossível. Ele lhes deu fartura num deserto onde não havia nada.

Quando o Senhor tirou água da rocha para o povo beber, tenho certeza de que era água da melhor qualidade, mais pura e refrescante do que qualquer outra. Ele também fez o maná aparecer de maneira milagrosa para os israelitas terem o que comer. Era um alimento tão perfeito que sustentou todas aquelas pessoas por quarenta anos e as manteve em boas condições de saúde.

Deus pode prover para você também. Nas áreas secas e queimadas de sua vida, em especial aquelas que estão ressecadas e devastadas, onde parece não haver mais esperança, o Senhor pode abrir e fazer jorrar torrentes de puro refrigério no deserto. Você verá como o deserto pode ser um lugar de bênçãos caso não se rebele contra Deus e permita que ele a conduza por esse lugar difícil.

Infelizmente, não foi isso que os israelitas fizeram. Eles se voltaram contra o Senhor e reclamaram, em vez de agradecer a provisão que recebiam. "Contra ele continuaram a pecar, revoltando-se no deserto contra o Altíssimo" (Sl 78.17). O povo não foi grato. Não percebeu as bênçãos que estavam bem à sua frente. Falou contra Deus, questionando se ele conseguiria prover tudo de que precisaria (Sl 78.18-20). Com insolência, os israelitas disseram algo do tipo: "Sim, Deus tirou água da rocha, mas será que ele é capaz de nos alimentar com aquilo que queremos comer?". Insultamos o Senhor quando duvidamos de sua capacidade para atender nossas necessidades. Em vez de questionar a Deus no deserto, devemos agradecer por sua provisão ali. Culpá-lo pelas coisas que aconteceram é um exercício inútil. Ele é o único que pode nos conduzir por esse lugar ou nos tirar dele. E é o único capaz de prover aquilo de que necessitamos enquanto estamos no deserto.

Todos nós temos momentos de dúvida, assim como os israelitas. Talvez não duvidemos de que Deus *pode*, mas questionamos se ele *fará*. Ou, quem sabe, duvidemos se ele *quer* fazer, se ele se *importa*, se somos dignos de sua ajuda. Todavia a dúvida revela que estamos questionando quem *ele é* e o que sua Palavra diz.

## O PROPÓSITO DO SOFRIMENTO

Na vida existe sofrimento. Todos nós sofremos em algumas ocasiões. Jesus passou por mais sofrimento do que qualquer um de nós vivenciará. Ele foi espancado, torturado, pregado numa cruz, separado de Deus, desceu ao inferno e suportou todo o pecado do mundo sobre si. E carrega as cicatrizes para provar isso. Em todas essas coisas, Cristo obedeceu completamente ao Pai.

Jamais compararia nosso sofrimento ao de Jesus, mas ter cicatrizes para provar que você sofreu pode lhe dar credibilidade junto às pessoas. Por aquilo que superou, você pode falar de forma mais penetrante à vida de alguém que está passando pela mesma situação. Seu sofrimento pode ser o elemento que salvará alguém à beira da destruição.

O que mais me proporciona paz em relação a meu sofrimento é que ele ajudou outras pessoas. Se posso ajudar alguém a superar sua dor e seu sofrimento, isso traz redenção a ambos. Não estou dizendo que Deus nos faz sofrer por sua vontade. Afirmo apenas que ele usa as coisas difíceis que nos acontecem para sua glória. No Senhor, existe um grande propósito nos tempos difíceis, mesmo que você ainda não consiga ver.

Quando passar por situações difíceis, tire os olhos das circunstâncias e coloque-os no Senhor e em sua Palavra. Creia na verdade divina *acima* de tudo que estiver passando. Isso não equivale a negar as circunstâncias; trata-se de crer que a Palavra de Deus triunfa sobre todas as coisas. Não se concentre naquilo que vê, mas sim nas promessas do Senhor. Lembre-se do que disse Jesus: "O que é impossível para os homens é possível para Deus" (Lc 18.27).

Somos frágeis e quebradiças — mas esse é o objetivo. Em nossa fraqueza, somos instrumentos usados por Deus para seus propósitos. Dessa maneira, quando permanecemos firmes nos tempos difíceis, sabemos que essa relação se deve ao poder divino, não à nossa força. Não podemos assumir o crédito, e damos toda a glória ao Senhor.

## *Poder da oração*

Senhor, eu te peço que me ajudes a permanecer firme em tudo que sei de ti. Ensina-me a me alicerçar em tua Palavra, a despeito do que aconteça em minha vida. Capacita-me a ficar longe do pecado e do mal, e a ser forte na obediência a teus caminhos. Reconheço que sou fraca, mas me alegro porque tu és forte em mim, em especial durante os momentos de provação e dificuldades. Ajuda-me a aprender o que preciso em cada desafio que enfrento. Conduze-me no caminho que designaste para mim. Não quero dar nem um passo sequer sem ti.

Ajuda-me na situação que estou enfrentando agora. Tira de mim qualquer desesperança, medo, dúvida ou frustração. Capacita-me a ficar firme na fé e sempre dentro da tua vontade. Obrigada por me ajudar a permanecer firme diante da oposição do inimigo. Sou grata porque me armaste com força para o combate (Sl 18.39).

Quantas vezes "pereceria sem dúvida, se não cresse que veria os bens do Senhor na terra dos viventes" (Sl 27.13, RC)? Capacita-me a ver tua verdade em todas as situações (Sl 119.18). Ajuda-me a ser tão forte em ti que fique de pé sem vacilar, a despeito do que acontecer. Ensina-me a descansar em ti, sabendo que me dás tudo de que necessito para o momento que estou vivendo. Estou determinada a considerar "motivo de grande alegria" quando passar por provações, por causa da obra de aperfeiçoamento que realizarás em mim (Tg 1.2-4). "Ainda que eu passe por angústias, tu me preservas a vida" (Sl 138.7).

Em nome de Jesus, amém.

## Poder da Palavra

*Amados, não se surpreendam com o fogo que surge entre vocês para os provar, como se algo estranho lhes estivesse acontecendo. Mas alegrem-se à medida que participam dos sofrimentos de Cristo, para que também, quando a sua glória for revelada, vocês exultem com grande alegria.*
1Pedro 4.12-13

*Meus irmãos, considerem motivo de grande alegria o fato de passarem por diversas provações, pois vocês sabem que a prova da sua fé produz perseverança. E a perseverança deve ter ação completa, a fim de que vocês sejam maduros e íntegros, sem lhes faltar coisa alguma.*
Tiago 1.2-4

*De todos os lados somos pressionados, mas não
desanimados; ficamos perplexos, mas não desesperados;
somos perseguidos, mas não abandonados; abatidos,
mas não destruídos. Trazemos sempre em nosso corpo
o morrer de Jesus, para que a vida de Jesus também
seja revelada em nosso corpo.*
2Coríntios 4.8-10

*Os nossos sofrimentos leves e momentâneos
estão produzindo para nós uma glória eterna
que pesa mais do que todos eles. Assim, fixamos
os olhos, não naquilo que se vê, mas no que
não se vê, pois o que se vê é transitório, mas o
que não se vê é eterno.*
2Coríntios 4.17-18

*Ele me disse: "Minha graça é suficiente
para você, pois o meu poder se aperfeiçoa na
fraqueza". Portanto, eu me gloriarei ainda mais
alegremente em minhas fraquezas, para que o
poder de Cristo repouse em mim. Por isso, por
amor de Cristo, regozijo-me nas fraquezas, nos
insultos, nas necessidades, nas perseguições, nas
angústias. Pois, quando sou fraco é que sou forte.*
2Coríntios 12.9-10

CAPÍTULO 29

## Mova-se no poder de Deus

A única maneira de vivermos com liberdade, plenitude e sucesso verdadeiro é pelo poder de Deus. De outra forma, é impossível.

A Bíblia diz que "A mensagem da cruz [...] é o poder de Deus" (1Co 1.18). O poder de Deus é exemplificado em Jesus e no que ele fez na cruz. E é manifesto em nossa vida pelo Espírito Santo *em* nós.

Paulo disse que ele não se aproximava das pessoas para impressioná-las com sua oratória, nem para chamar atenção para si, a fim de que elas *o* admirassem. Ele queria apresentar-lhes uma demonstração do Espírito Santo. "Minha mensagem e minha pregação não consistiram em palavras persuasivas de sabedoria, *mas consistiram em demonstração do poder do Espírito, para que a fé que vocês têm não se baseasse na sabedoria humana, mas no poder de Deus*" (1Co 2.4-5; grifo da autora).

É isso que queremos também. Desejamos depender de Deus, para que ele faça em nossa vida o necessário a fim de que nossa fé não se concentre em nossos esforços, e sim em seu poder. Não adoramos o poder de Deus; adoramos *Deus*, temos fé *nele* e em seu poder em nosso favor.

Paulo "foi arrebatado ao paraíso" e recebeu uma visão transformadora do mais alto céu, que é a presença de Deus (2Co 12.4). Para impedir que o apóstolo ficasse orgulhoso e que outros lhe enchessem de adulação por causa dessa experiência grandiosa, Deus permitiu que Satanás lhe colocasse "um espinho na carne". Paulo "três vezes [rogou] ao Senhor que o tirasse" dele. Mas Deus lhe disse: "*Minha graça é suficiente para você, pois o meu poder se aperfeiçoa na fraqueza*". À luz dessa informação, Paulo afirmou: "Portanto, eu me gloriarei ainda mais alegremente em minhas fraquezas, para que o poder de Cristo repouse em mim" (2Co 12.7-9; grifo da autora). O poder de Cristo em Paulo era a presença do Espírito Santo, que o capacitava a fazer tudo que Deus o chamou para realizar. Ele se sentia grato porque sua fraqueza permitia a manifestação do poder divino por meio dele.

O que isso quer dizer para você e para mim? Significa que, às vezes, o Senhor permite que certas coisas nos aconteçam a fim de que tenhamos a certeza de que não é o esforço humano que realizará o necessário, mas o *poder de Deus*. A graça divina nos conduzirá a nosso destino final e *a força do Senhor demonstrará sua perfeição em nossa fraqueza*. Paulo disse que preferia ser fraco, para que o poder de Deus se manifestasse nele. Eu concordo. Podemos fazer muito mais pelo poder do Senhor do que por conta própria.

É importante compreender isso, em especial nos momentos em que nossas fraquezas pessoais são tão exibidas que não podemos negá-las. Da nossa perspectiva, é algo doloroso. Mas da perspectiva de *Deus*, é bom. Quando estamos inconfundivelmente fracas, o poder divino é visto sem sombra de dúvida.

## Movendo-se no poder de Deus

Deus já existia antes de toda a criação. Ele criou os céus e a terra sem qualquer coisa preexistente. "Mas foi Deus quem fez a terra com o seu poder; firmou o mundo com a sua sabedoria e estendeu os céus com o seu entendimento" (Jr 51.15). Ele não precisa de nada para criar algo.

Quando a terra "estava sem forma e vazia; havia trevas sobre a face do abismo, e o Espírito de Deus pairava por sobre as águas" (Gn 1.2, RA). Pairar é sinal de movimento. Essa movimentação do Espírito Santo é importante para você. Embora ele habite em seu interior, sempre se move. O Espírito não se move para dentro e para fora da sua vida, mas está sempre *trabalhando* nela. A Bíblia o descreve como água (Jo 7.37-39), pomba (Mt 3.16), fogo (At 2.3-4) e unção (1Jo 2.20). Nenhum desses elementos é estático. A natureza do Espírito inclui movimento. Assim como as descrições do Espírito Santo envolvem movimentação, ele sempre se move em nossa vida. Ele está em atividade, quer você esteja em movimento, quer não.

Uma vez que o Espírito Santo não é estático, ele não permitirá que você permaneça parada por muito tempo. Ele não deixará você parar de crescer até que seu espírito esteja completamente alinhado com o de Deus. O Senhor deseja que você seja *inspirada* pelo Espírito Santo, *despertada* e *capacitada* por ele, e que receba seu *poder*. Isso significa que você sempre estará ativa em seu espírito.

### Não se esqueça de sua fonte de poder

Nunca podemos nos esquecer de onde vem nosso poder, em especial nos momentos em que nos sentimos impotentes. A Bíblia diz o seguinte dos israelitas: "Quantas vezes mostraram-se rebeldes contra ele no deserto e o entristeceram na terra solitária! Repetidas vezes puseram Deus à prova; irritaram o Santo de Israel. *Não se lembravam da sua mão poderosa*, do dia em que os redimiu do opressor" (Sl 78.40-42; grifo da autora).

Não podemos deixar isso acontecer conosco. Os israelitas se esqueceram de Deus e viveram segundo os próprios caminhos. Como resultado, limitaram o que o Senhor poderia fazer na vida deles. Eles não se lembraram do poder divino que os resgatara do inimigo. Não se moveram no poder de Deus e, por isso, acabaram vagando pelo deserto por quarenta anos.

Com frequência, fazemos a mesma coisa. Quando o inimigo nos ataca ou o desastre nos assola — na saúde, nas finanças, nos relacionamentos, nas emoções, na mente, na família e mais — ficamos com medo. Somos abaladas. Tentamos resolver a situação sozinhas. Tentamos assumir o controle, em vez de convidar o Espírito Santo a nos erguer acima dos obstáculos ou nos guiar pelo terreno acidentado à nossa frente. O que devemos fazer é confiar que Deus sabe para onde precisamos ir e como nos conduzir até lá. Devemos abrir mão de tudo aquilo a que nos apegamos e ser submissas ao poder divino operando em nosso favor. *Nunca devemos nos esquecer do poder de Deus.*

O Senhor fortalece o fraco para que ele se sobressaia por meio de seu poder e de acordo com sua vontade. "Aqueles que esperam no Senhor renovam as suas forças. Voam alto como águias; correm e não ficam exaustos, andam e não se cansam" (Is 40.31). Esse versículo descreve o que nos acontece quando reconhecemos nossas fraquezas e dependemos do poder de Deus.

## A manifestação do poder de Deus

Além da criação do mundo, existe manifestação maior do poder de Deus do que a ressurreição de Jesus? Ele foi publicamente crucificado e enterrado. No entanto, não foi encontrado dentro de uma sepultura selada e depois apareceu a muitos de seus seguidores como o Senhor ressuscitado. Que tipo de poder é capaz de fazer isso? Apenas o poder de Deus. O mesmo poder de ressurreição existe em *você.*

Jesus foi crucificado em fraqueza, contudo vive pelo poder de Deus. O mesmo se aplica a você que está fraca, mas vive — tanto aqui como na eternidade — pelo poder de Deus (2Co 13.4). "Por seu poder, Deus ressuscitou o Senhor e também nos ressuscitará" (1Co 6.14). Jesus não ressuscitou dos mortos para que você pudesse ter uma vida feliz. Ele ressuscitou para salvá-la da morte e do inferno a fim de que você tenha uma vida de *poder.*

Deus não quer que você tenha uma vida sem poder. Ele deseja dar poder para você viver a vida que ele planejou.

Como o Senhor é todo-poderoso, "todas as coisas são possíveis para Deus" (Mc 10.27). Ele "dá vida aos mortos e chama à existência coisas que não existem, como se existissem" (Rm 4.17). Isso quer dizer que o Senhor é capaz de criar coisas do nada e dar vida a algo que estava morto. É isso que queremos desesperadamente em nossa vida. Deus tem todo o poder de que necessitamos e não quer que duvidemos dele. Ele não deseja que sejamos "traidores, precipitados, soberbos, mais amantes dos prazeres do que amigos de Deus, *tendo aparência de piedade, mas negando o seu poder*" (2Tm 3.4-5; grifo da autora). Desejamos amar a Deus com humildade e submissão, vivendo nos caminhos dele, pelo poder do Espírito Santo.

Muito embora você não consiga ver como seus problemas serão resolvidos, o Senhor sabe. Embora talvez você se sinta sobrecarregada pelas circunstâncias, Deus nunca se sobrecarrega. É preciso confiar nele e no poder que ele exerce em seu favor. O Senhor deseja liberar esse poder em sua vida. Trabalhe *com* ele nessa questão. Peça-lhe, todos os dias, que conceda poder para você viver a vida que ele planejou.

## *Poder da oração*

Senhor, sou grata pelo poder que estendes a mim. Tu mostraste tua força em meu favor incontáveis vezes, porque meu coração é totalmente dedicado a ti (2Cr 16.9). Por teu grande poder e braço forte, me salvaste e resgataste (Ne 1.10). Tu me livraste, protegeste, sustentaste, e sei que continuarás a fazê-lo.

Todo o poder pertence a ti (Sl 62.11). Tu formaste todas as coisas por tua palavra poderosa (Hb 11.3). Muito obrigada porque és todo-poderoso, ou seja, tudo contigo é possível. Eu me recuso, portanto, a ficar desanimada ou temerosa em relação a qualquer aspecto de minha vida. Não confiarei na sabedoria de homens, mas em ti, em tua sabedoria e em teu poder perfeitos.

Senhor, tu dás poder ao fraco e aumentas a força deles. Obrigada porque posso me beneficiar disso. Ajuda-me a nunca me esquecer de teu poder para resgatar, salvar, restaurar e renovar. Não importa o que aconteça, quero me apegar primeiro a ti e me mover no poder do teu Espírito.

"Sê exaltado, SENHOR, na tua força!" Cantarei e louvarei "o teu poder" (Sl 21.13). Deus da esperança, ajuda-me a transbordar "de esperança, pelo poder do Espírito Santo" (Rm 15.13). "Porque teu é o Reino, o poder e a glória para sempre" (Mt 6.13).

Em nome de Jesus, amém.

## Poder da Palavra

*Os olhos do SENHOR estão atentos sobre toda a terra para fortalecer aqueles que lhe dedicam totalmente o coração.*
2CRÔNICAS 16.9

*Será que você não sabe? Nunca ouviu falar? O SENHOR é o Deus eterno, o Criador de toda a terra. Ele não se cansa nem fica exausto, sua sabedoria é insondável. Ele fortalece o cansado e dá grande vigor ao que está sem forças.*
ISAÍAS 40.28-29

*Teus, ó SENHOR, são a grandeza, o poder, a glória, a majestade e o esplendor, pois tudo o que há nos céus e na terra é teu. Teu, ó SENHOR, é o reino; tu estás acima de tudo.*
1CRÔNICAS 29.11

*E a incomparável grandeza do seu poder para conosco, os que cremos, conforme a atuação da sua poderosa força. Esse poder ele exerceu em Cristo, ressuscitando-o dos mortos e fazendo-o assentar-se à sua direita, nas regiões celestiais.*
EFÉSIOS 1.19-20

*Tu és temível no teu santuário, ó Deus; é o Deus de Israel que dá poder e força ao seu povo. Bendito seja Deus!*
SALMOS 68.35

CAPÍTULO 30

## *Recuse-se a desistir*

Problemas fazem parte da vida. Isso acontece porque vivemos em um mundo imperfeito. A boa notícia é que servimos a um Deus perfeito que nos dá esperança em profusão. Repito a você o que Paulo disse: "Que o Deus da esperança os encha de toda alegria e paz, por sua confiança nele, *para que vocês transbordem de esperança, pelo poder do Espírito Santo*" (Rm 15.13; grifo da autora).

*A esperança ocorre pelo poder do Espírito Santo.*

Deus disse que o futuro que ele planejou para você está repleto de esperança e paz: "'Sou eu que conheço os planos que tenho para vocês', diz o Senhor, 'planos de fazê-los prosperar e não de lhes causar dano, planos de dar-lhes *esperança* e um *futuro*'" (Jr 29.11; grifo da autora). Deus deseja que *você* pense sobre seu futuro cheio de esperança também. Isso porque ele não a quer desistindo dele, de si mesma e de sua vida.

Muitas vezes, enquanto esperamos que Deus responda às nossas orações e aja em nosso favor, ficamos desanimadas e perdemos a esperança. Para impedir que isso aconteça, há algumas coisas que podemos fazer.

*Podemos permanecer humildes diante de Deus.* Diga ao Senhor tudo que sente — tudo que lhe causa medo e preocupação. A Bíblia declara que "Deus se opõe aos orgulhosos, mas concede graça aos humildes" (Tg 4.6). Você não precisa, de maneira alguma, da oposição do Senhor, mas sim de sua graça. "Humilhem-se debaixo da poderosa mão de Deus, para que ele os exalte no tempo devido. Lancem sobre ele toda a sua ansiedade, porque ele tem cuidado de vocês" (1Pe 5.6-7). A melhor maneira de se humilhar é louvar e adorar ao Senhor, e também jejuar e orar.

*Podemos continuar lendo a Palavra de Deus e vivendo em seus caminhos.* Quando sobrevierem dificuldades em sua vida, não se esqueça de depender de Deus e de sua Palavra. Peça a ele que a ajude a viver segundo suas leis e seus caminhos e a fazer tudo segundo sua vontade. "Meu filho, não se esqueça da minha lei, mas guarde no coração os meus mandamentos" (Pv 3.1). Certifique-se de que seu coração está alinhado com a Palavra de Deus. Sempre é possível encontrar esperança na leitura da Bíblia.

*Podemos dar louvor e adorar a Deus.* O louvor e a adoração balançam o reino espiritual e nos libertam do desânimo. O louvor é uma das maneiras de nos animarmos no Senhor. Quando louvamos a Deus, ele derrama amor, paz, alegria e esperança, o que nos proporciona grande incentivo.

*Podemos confiar que o Senhor é bom.* Quando acontecem coisas ruins, você deve continuar se lembrando da bondade de Deus, para nunca culpá-lo pelo que está ocorrendo. Busque-o, espere nele e verá a bondade divina se manifestar na situação em que vive. "O Senhor é bom para com aqueles cuja esperança está nele, para com aqueles que o buscam" (Lm 3.25).

*Podemos encorajar e abençoar outras pessoas.* É incrível como *você* sempre se sentirá melhor quando fizer *outras pessoas* se sentirem melhor. A ajuda aos outros de alguma maneira, mesmo que seja intercedendo, faz a mente se afastar das próprias preocupações. As coisas mudam em sua vida quando você ajuda os outros.

*Podemos fortalecer nossa fé nas promessas de Deus.* A fé a capacita a superar tudo que a vida ou o inimigo lançarem sobre você. "O que é nascido de Deus vence o mundo; e esta é a vitória que vence o mundo: a nossa fé" (1Jo 5.4). Lembre-se, todos os dias, de crer nas promessas que o Senhor lhe fez e se apegue a elas com todo vigor.

### Firme nas promessas de Deus

Para não perder as esperanças e desistir, você precisa *conhecer* as promessas de Deus e se apegar a elas com fé profunda. Além disso, é necessário determinar que a base sobre a qual você se firma está ancorada nessas verdades. Enquanto opta por permanecer nas promessas divinas e se recusa a desistir, você vence. Nos momentos difíceis, quando a luta parecer grande demais e você estiver exausta, com vontade de desistir, repita essas promessas vez após vez.

Abaixo estão algumas das várias promessas a que me refiro. *Prometo* que, enquanto você crer nelas, tais promessas a impedirão de desanimar.

*Promessa decorrente da obediência a Deus.*
"Andem sempre pelo caminho que o Senhor, o seu Deus, lhes ordenou, para que tenham vida, tudo lhes vá bem e os seus dias se prolonguem na terra da qual tomarão posse" (Dt 5.33).

*Promessa decorrente da busca pelo conselho de Deus.*
"Contudo, sempre estou contigo; tomas a minha mão direita e me susténs. Tu me diriges com o teu conselho, e depois me receberás com honras" (Sl 73.23-24).

*Promessa de proteção.*
"O Senhor o protegerá de todo o mal, protegerá a sua vida. O Senhor protegerá a sua saída e a sua chegada, desde agora e para sempre" (Sl 121.7-8).

*Promessa de que Deus ouvirá sua oração.*
"Então vocês clamarão a mim, virão orar a mim, e eu os ouvirei" (Jr 29.12).

*Promessa para quando seu coração estiver partido.*
"O Senhor está perto dos que têm o coração quebrantado e salva os de espírito abatido" (Sl 34.18).

*Promessa de livramento em tempos de necessidade.*
"Ele liberta os pobres que pedem socorro, os oprimidos que não têm quem os ajude" (Sl 72.12).

*Promessa para quando precisar de sabedoria.*
"O Senhor é quem dá sabedoria; de sua boca procedem o conhecimento e o discernimento. Ele reserva a sensatez para o justo; como um escudo protege quem anda com integridade" (Pv 2.6-7).

*Promessa de grandes coisas no futuro.*
"Olho nenhum viu, ouvido nenhum ouviu, mente nenhuma imaginou o que Deus preparou para aqueles que o amam" (1Co 2.9).

*Promessa para os momentos de angústia.*
"Ainda que eu passe por angústias, tu me preservas a vida da ira dos meus inimigos; estendes a tua mão direita e me livras" (Sl 138.7)

*Promessa para quando se sentir fraco.*
"Ele fortalece o cansado e dá grande vigor ao que está sem forças" (Is 40.29).

*Promessa para quando necessitar de coragem.*
"Sejam fortes e corajosos, todos vocês que esperam no Senhor!" (Sl 31.24).

*Promessa para quando se sentir ameaçada.*
"Nenhuma arma forjada contra você prevalecerá, e você refutará toda língua que a acusar. Esta é a herança dos servos do Senhor, e esta é a defesa que faço do nome deles", declara o Senhor" (Is 54.17).

*Promessa para quando precisar de ajuda.*
"Deus é o nosso refúgio e a nossa fortaleza, auxílio sempre presente na adversidade. Por isso não temeremos, ainda

que a terra trema e os montes afundem no coração do mar" (Sl 46.1-2).

*Promessa para quando carecer de fé para crer que Deus responderá às suas orações.*
"E tudo o que pedirem em oração, se crerem, vocês receberão" (Mt 21.22).

*Promessa de esperar por você.*
"O Senhor espera o momento de ser bondoso com vocês; ele ainda se levantará para mostrar-lhes compaixão. Pois o Senhor é Deus de justiça. Como são felizes todos os que nele esperam!" (Is 30.18).

Deus planejou restauração para todas as partes de sua vida. Além de receber nova vida quando aceitou o Senhor, você também ganhou poder para crescer nesta vida todos os dias a partir de então. Por causa do Espírito Santo em você, Deus continuará a obra que começou em sua vida até o dia em que irá ter com ele. "Estou convencido de que aquele que começou boa obra em vocês, vai completá-la até o dia de Cristo Jesus" (Fp 1.6). O processo de restauração é algo que você não pode impedir de acontecer em seu coração se o Senhor estiver dentro dele todos os dias. Não importa em que situação você se encontra neste momento, ele continuará à restaurá-la a sua condição original.

Deus *nunca* desiste de você. Portanto, não desista dele. Se continuar andando perto do Senhor, terá uma vida de liberdade, plenitude e sucesso verdadeiro — uma vida que dá certo.

## *Poder da oração*

Senhor, minha esperança sempre se encontrará em ti e sei que nunca falharás comigo. Muito obrigada pela restauração em andamento em minha vida. Sou grata por ser tua filha e porque me deste um propósito. Obrigada pelo grande futuro que me reservaste porque me amas (1Co 2.9). Obrigada porque nunca estou sozinha (Mt 28.20). Eu te agradeço porque sou plena em ti (Cl 2.10).

Senhor, ajuda-me a não pensar em desistir quando as coisas ficarem difíceis. Não me deixes perder a paciência nem a coragem. Faze-me lembrar que, mesmo nos momentos difíceis, tu me ajudarás a perseverar. Não permitas que eu desanime nos períodos de espera. Sei que teu tempo é perfeito e tua forma de fazer as coisas é certa. Ajuda-me a me apegar a tuas promessas, para que elas fiquem gravadas em meu coração e permaneçam vivas dentro de mim. Capacita-me a esquecer "o que se foi; não viver no passado". Sei que estás fazendo uma coisa nova para mim. Peço-te que abras "um caminho e riachos no ermo" (Is 43.18-19).

Senhor, minha esperança não está naquilo que vejo, pois sei que "esperança que se vê não é esperança" (Rm 8.24). Sei que tenho pressa de ver as coisas acontecerem. Perdoa-me se tentei fazer tu seguires meus planos. Peço que a perseverança tome conta de minha alma (Lc 21.19). Obrigada porque "o Senhor cumprirá o seu propósito para comigo" (Sl 138.8).

Em nome de Jesus, amém.

──────────── *Poder da Palavra* ────────────

*Por isso não desanimamos. Embora
exteriormente estejamos a desgastar-nos, interiormente
estamos sendo renovados dia após dia.*
2Coríntios 4.16

*"Embora os montes sejam sacudidos e as colinas
sejam removidas, ainda assim a minha fidelidade
para com você não será abalada, nem será removida a
minha aliança de paz", diz o Senhor,
que tem compaixão de você.*
Isaías 54.10

*E não nos cansemos de fazer o bem, pois no tempo
próprio colheremos, se não desanimarmos.*
GÁLATAS 6.9

*Bendirei o SENHOR, que me aconselha; na escura noite o
meu coração me ensina! Sempre tenho o SENHOR diante
de mim. Com ele à minha direita, não serei abalado.*
SALMOS 16.7-8

*O SENHOR te abençoe e te guarde;
o SENHOR faça resplandecer o seu rosto
sobre ti e te conceda graça; o SENHOR volte
para ti o seu rosto e te dê paz.*
NÚMEROS 6.24-26

Conheça outras obras de

## Stormie Omartian

- A Bíblia da mulher que ora
- A oração que faz Deus sorrir
- Bom dia! – Leituras diárias com Stormie Omartian
- Bom dia! 2 – Leituras diárias com Stormie Omartian
- Conversa com Deus
- Dez minutos de oração para transformar sua vida
- Escolha o amor – E mude o curso de sua vida
- Escolha o amor – Livro de orações
- Eu sempre falo com Deus sobre o que sinto
- Guerreiras de oração
- Guerreiras de oração – Guia de estudo
- Guerreiras de oração – Livro de orações
- Guia-me, Espírito Santo
- Minha Bíblia de oração
- Minha história de perdão e cura
- Minutos de oração para a mulher de fé
- O diário da mãe que ora
- O milagre do Natal
- O poder da avó que ora
- O poder da criança que ora
- O poder da esposa que ora
- O poder da esposa que ora – Livro de orações
- O poder da esposa que ora – Mensagens de fé
- O poder da fé em tempos difíceis
- O poder da mãe que ora
- O poder da mãe que ora – Livro de orações
- O poder da mulher que ora
- O poder da mulher que ora – Livro de orações
- O poder da nação que ora
- O poder da oração no casamento
- O poder da oração para uma vida feliz
- O poder da oração que domina o medo
- O poder de orar
- O poder de orar a vontade de Deus
- O poder de orar juntos
- O poder de orar pelos filhos adultos

- O poder de orar pelos filhos adultos – Livro de orações
- O poder de uma vida de oração – Livro de orações
- O poder do adolescente que ora
- O poder do marido que ora
- O poder dos avós que oram
- O poder dos pais que oram
- O poder transformador da oração
- O que acontece quando eu falo com Deus?
- O que Jesus disse
- O segredo da saúde total

Compartilhe suas impressões de leitura escrevendo para:
opiniao-do-leitor@mundocristao.com.br
Acesse nosso *site*: www.mundocristao.com.br

*Equipe MC:* Daniel Faria
Heda Lopes
Natália Custódio
*Diagramação:* Sonia Peticov
*Preparação:* Daila Fanny
*Revisão:* Luciana Chagas
*Gráfica:* Imprensa da Fé
*Fonte:* Goudy Old St
*Papel:* Pólen Natural 70 g/m² (miolo)
Cartão 250 g/m² (capa)